私の伊能ウオーク574日

―ニッポン再発見の旅―

畑中一一

22世紀アート

はじめに

いまでも一九九八年九月一二日の朝のことはよく覚えている。あの日は「伊能ウオーク本部隊員一五名公募」と『朝日新聞』に社告記事が載った日だった。私の胸は高鳴ったが悩みもした。出発は四カ月後の一九九九年一月二五日となっており、当時私は六一歳、定年を早めて退職する仲間も大勢いるなか、まだ勤めの途中でもあり戸惑った。会社に事情を話せばおそらくはわかってもらえるとは思ったが「ちょっと待った」とでも言われれば宮仕えの身、この話は水の泡と消えてしまう。

しかしよく読めば「隊員の決定は選考の上」とあり、応募はしても選ばれるとは限らない。これは一生に一度あるかなしかのチャンスだと思った。妻は「半年くらいならまだしも、二年間も歩くなんて正気？　それに体のことも心配」と乗り気じゃなかったし、離れて独立している子供たちからは「おもろい、そらええ話やけど受かるんかいな？」と冷やかされる始末。そうなれば無性に参加したくもなるもの。あれやこれやで家族以外にはダンマリを決め込んで、とにかく応募した。

二カ月後の一一月、東松山市（埼玉県）であった日本スリーデーマーチ・最終選考会のあとで、主催者から「来年一月から間違いなく参加できますか？」と逆に問われたときはびっくりしたが、内心やったあ……と小躍りした。事情を話し、会社に戻って一部始終を話したところ、しばらくして「めったにない機会だからぜひ参加を……退職の三月末までは有給扱いとしよう」とこちらの非礼はとがめられずにありがたい結末となり、あんなに嬉しかったことはない。

それからというもの、年末と年始をはさみ一月二五日の出発までは、仕事の引き継ぎや得意先への挨拶などと出発の準備が重なり、もうくたくたになるほど忙しかった。しかし元はと言えば自ら蒔いた種、あちこちで迷惑をかけたが、どうにか旅立ちの前日一九九九年一月二四日の一一時、午後からのオリエンテーションに遅れぬように新大阪から新幹線に乗り東京へ発つことができた。

ひかりに乗り昼食を済ませ、ほっとひと息つき、あわただしかった四カ月を思い出す。

出発前には宇治に住む長女夫婦や遠く鹿児島から長男夫婦たちや縁者が集まってくれ、懇意にさせていただいている神戸の福原精機製作所・田中栄雄社長のご厚意に甘え、芦屋の山荘でカニ料理をつつきながら、くつろいだ一夜を過ごした。

「おじいちゃんたちが戦争に行った時も残る者はこんなんやったやろか」と、いつになくしんみりと長女の彩子。「仕事をやめてギアを入れ替え、山道をローで前進するわけか？　鹿児島で待っている」と、長男の一裕。「近頃目が輝きだした。こうなると何を言ってもダメ、これまでの六一年間のご褒美……かもね」と、妻の節子。

関西の雑誌『イグザミナ』の北尾創取締役副主幹とは、出発直前に神戸で会い「旅のたよりと写真を毎月送らないか」と依頼をうけ、これもご縁と約束してしまった。

これから始まる二年・一万キロの歩く旅がどんなものか想像だにつかないが、あわただしいなかで時間をさいてエールを贈っていただき、お世話になった得意先の方々やご近所の方々、会社の先輩や同輩たちや友人たちの温かい励ましを胸に、もしかしたらこれまで過ごした私の歩みのターニングポイントになるのかもしれない予感に、熱く胸をときめかせたことを昨日のように思う。

私は生まれつき病弱だった。私が一歳のとき、父が結核で亡くなった。自分の命が残り少ないことを知り、母の目を盗んでは私を抱こうとする父から、母は私を必死で引き離したという。三歳の冬に肺炎を患ったとき、私は母の輸血で仮死から蘇り生きかえった。

「血の引いた白い一一《かずいち》の顔に少しずつ赤みがさしてきて、これまでにあんなに嬉しかったことはない」と、のちにこの話をするとき母の目はいつも潤んでいた。

こんなことがあって、幼少から小学校の頃は虚弱で肋膜炎や気管支炎を患い、月に二度ほど母と医者に通い、学校の運動会では隅の方で元気に走る友達を眺めるのが常だった。

「この子は大人になってもタバコはいかん。先生や織物屋もいかん、白墨の粉と糸くずが体に悪い。郵便屋がよい。照っても降っても歩くから体にいい」と真顔で老医者の高久さんから言われたことをいまでもよく覚えているし、レントゲンで見ると私の左肺には幼少のとき患った痕が小さくいまも残っている。

私の体が健康になりだしたのは武生高校に入学した頃からだった。同じ町内の山下繁という一年先輩が測量器械を持って土、日や夏休みに近郊の町や村へ、アルバイトで測量実習に行くのを手伝った頃からだ。当時始まった区画整理の原図や台帳づくりの仕事の一部を、県や町役場から学校がひきうけ、生徒の学習にと始めた頃だった。

測量が面白いこと。体が丈夫になること。裕福でないわが家で学資を自分で稼げる魅力。進学をめざし入った普通科から、一年生の期末に工業科に移った。

まだ車のない時代、土、日は器械をかついで遠方まで出向き、学校で放課後それを仕上げる。当時京都に進学が決まった二歳上の姉から、この転科を厳しく責められたが「郵便配達」のことがあるのか母からは何も言われなかった。

卒業の年には正規の実習で補うほどに依頼の仕事が増え、納めた成果品の評価から、コツコツと積み上げるルーチンワークの大切さを学んだ。

のちのち私が丈夫になったことを一番喜んでくれた母・菊枝は六年前の六月、庭に紫陽花が咲いた日、八五歳で亡くなった。その頃若干遺伝にかかわる余病を抱えていることがわかったが、そのことはあとでふれるとして、私も八五歳までは、ぜひ生きたいと思うし、生きねばならぬと思う。

私と伊能忠敬との縁はかなり古いが、知れば知るほど伊能忠敬は興味深い。

一九五五（昭和三〇）年四月に熊谷組に入社した。まだ残雪のあった笹生川ダム（福井県）に赴任し初めて従事した仕事が測量だった。福井と岐阜の県境、道も電気もないところから始まった奥深い山中でのダム造りの着工から竣工まで、体も丈夫になり、ここで体験したもの造りの原点と、測量に明け暮れ過ごした三年はいまだに印象深い。

国の三角点や水準点からダムサイトに正確な位置や高さ（標高）を引き込む作業は、はるか二〇〇年前に伊能忠敬が天体観測から割り出した緯度、経度を地上にしるした作業と深くかかわりがあったのだ。以来、高度成長の御輿《みこし》を担ぎ、わが国の各地にさまざまな建造物の足跡を残して、社会資本整備の一翼を担いつつ長いあいだ右肩上がりの時代をまっすぐに駆け抜けてきたが、前を向いて走ればよかった時代はもう幻影でしかなく、いま私たちを取りまく環境も意識も大きく転換した。

視点を変えてみる時、私たちはもしかしたら前ばかり見すぎて、これまで性急に走りすぎたのではないか？　と内心忸怩たる思いにもかられる。

折も折、伊能忠敬の測量開始二〇〇年にあたる節目の二〇〇〇年まで、二年をかけその足跡をたどり日本を一周一万キロ「平成の伊能忠敬　ニッポンを歩こう一〇〇万人ウオーク」で、この国の再発見を試みるまたとない旅にめぐり合えた。長いあいだかかわってきた私の仕事の始まりと終わりで、測量につながるかかわりがもてるのも何かの縁だろうか。

わが国近代日本地図の父・伊能忠敬は一八〇〇（寛政一二）年の春、佐原（千葉県）から村の若い衆五名余を連れ、それまでの五年間、江戸で学んだ暦学と天文や測量の成果を試したい一心に駆られて蝦夷へと向かった。もう少し具体的にいえば、彼は地球上の位置を座標軸でとらえ示すことに着目し研究の結果、緯度一度を二八・二里と割り出し、その数値を実際にこの地上の広い蝦夷で実測して、何としても確かめたかったのだ。時に五五歳、いまからちょうど二〇〇年前のことである。

幕府の、お墨付きをもらってスタートした仕事とはいえ、第一次・蝦夷測量の費用のほとんどは忠敬が自費でまかなった。およそ一年ののち、忠敬が情熱をかけ測量し作りあげた蝦夷東南部の地図を見た彼の師、幕府天文方・高橋至時は、その時どんなに驚いたことだろう。これまでに見たこともない、精緻をきわめた出来栄えに目をみはり、息を呑み声も出なかったのではなかったか？

当時わが国へロシアや諸外国から通商を求める動きに、忠敬の正確な地図の出現は、時代が彼を必要としたのかもしれぬ。以降二次、三次へと測量の作業が進むにつれ幕府は忠敬を重用、一八〇四年一一代将軍家斉の上覧を得て幕府は本腰をいれ全国の地図作成を忠敬に命じた。

七三歳で没するまで一〇次にわたる測量の旅の一七年間、ひたすら歩いてわが国の地図作成に心血をそそぎ、伊能測量隊の歩いた距離は実に地球を一周するほど、四万三〇〇〇キロにもおよんだ。

実測によって日本地図を作った人物として、伊能忠敬の名は教科書などでも紹介され、多くの人々に知られている。しかしその名が知られている割には彼の実像については、まだあまり多く知られていない。

その伊能忠敬が、いま東日本を中心に熱いブームを呼び起こし広がりだした。

それはなぜか？　ここ数年、忠敬の生涯に興味をもち、光をあて、地道な研究をつづける伊能忠敬研究会（渡辺一郎代表理事）らの熱心な活動や紹介に負うところも大きい。

一七歳で伊能家の養子となり、四九歳までは佐原で造り酒屋を営み、勤勉と才覚で隆盛に導き、名主として有り余る富と名を築きあげた第一の人生。

五〇歳になるや家督を譲り、楽隠居を好まず江戸に出て生来の夢であった学問を本格的に学び、五五歳から日本地図の作成に情熱を燃やしつづけた第二の人生。

「伊能図」が後世、明治から大正にいたる一〇〇年もの長いあいだ、わが国の地図の原本として重用されたことを思うとき、忠敬の七三歳の生涯は、まさに「人生二山《ふたやま》、一身に二生を経る」を文字どおり生き抜いたといえる。

それにしても当時の五〇代と言えば、いまなら六〇〜七〇代といっても不思議ではない年代だが、伊能忠敬はなぜ身を削るようにしてまで、厳しい旅に出たのだろうか。

この生涯学習、生涯現役の「生きざま」がいま、混迷の時代に大きく人々の心をゆさぶり、魅力ある存在として、人々を引きつけて離さないのではないだろうか。

私たちの住む国、この日本は二〇世紀の後半、大きく変わった。

私たちの日常をとりまく環境も、スピードと効率優先へと重心が移動、とりわけ車社会とのつながりは加速度を増した時代だといえる。私たちは行動半径の大きさや利便さを手中にした反面、長いあいだ大切にしてきたものを失いはしなかったか。

空の便に鉄道や車など、速くて快適な乗り物やアクセスがくまなく整っている現代、あえて人が人である最も基本的な動作「歩く」ことで、わが国の自然や人々、四季の移り変わりを自分の「目と足」で確かめ肌で感じることのできる旅、伊能ウオークは私にとって願ってもないチャンスとなった。

この機会を活かし、これまで急ぎ越してきた私の前半の人生、私自身への自戒もこめ、見落としてきたものを、改めて見直す充電と癒しの旅になればと思う。

目　次

はじめに　1

第1章　第Ⅰステージ　東京—札幌　１９９９年1月25日～5月２日　98日間１９８０キロ　19

皇太子ご夫妻から激励をうける　21
いよいよ東京を出立　21
黒潮が運ぶもの　25
伊能忠敬の出生地　26
観梅ウオーク　29
初めての四一キロ　30
まぼろしの浜街道を歩く　32
樅の木は残った　33
杜の都・仙台へ　34

一関に着く　36
雪舞う中尊寺　37
北上川とオオハクチョウ　39
宮沢賢治のふるさと　40
北緯四〇度の世界　43
きょうは世界保健デー　45
八甲田・酸ヶ湯と三内丸山遺跡　47
赤牛喜代治さんに会う　48
函館山と地図マニア　50
礼文華海岸を歩く　53
北大にあった伊能図　54
桜咲く北海道大会　55
第2章　第Ⅱステージ　青森―長野　1999年5月14日～8月2日　81日間1574キロ　59
いざ第Ⅱステージ　60

本部隊員の一日　62
リンゴの花と津軽三味線　68
恋文の町とクリーンウオーク作戦　69
菅江真澄のこと　72
流人・馬場為八郎のこと　75
鳥海山の夕日と「ゼッケン」と　76
田に浮かぶ象潟の九十九島　78
芭蕉が下った最上川　78
伊能忠敬も泊まった南陽の宿　80
北の玄関・白河の関　81
白河から黒磯へ　82
金井仁司さんのこと　83
一番の楽しみは？　85
思い出の東松山　86
前進か撤退か、豪雨の上野原町　88
標高一〇八〇メートル・笹子峠越えと「スモモ」と平山村長　89

それぞれの夏休みウオーク　90
標高七五〇メートルの宿　92

第3章　第Ⅲステージ　長野―大阪　1999年8月22日～12月10日　111日間2030キロ　95

東山魁夷記念館　96
野尻湖畔を歩く　98
金山とトキと夏の星座と　100
測量教室をひらく　101
サイクリングロードは爽やか　102
豪雨の親不知を歩く　104
稲刈りのなかを　105
七尾市の律儀な歓迎　107
千里ヶ浜の砂は極上の砂　109
心に沁みたスピーチ　110
瀬川先生の出迎えをうける　112

三木武生市長と歩く　114
大阿闍梨・酒井雄哉師の揮毫をうける　118
大吉山から平等院を見る　120
法隆寺と飛鳥を楽しむ　121
母校で講演を　122
五〇〇〇キロを踏破　124
熊野古道・豪雨の八鬼山越え　127
道とは、歩くとは、癒しとは　128
太田久美子先生のこと　130
懐かしの地・和歌山で　132
１２／１０　大阪ゴール　133
冬休み　135
ようこそ大阪へ「歓迎ウオーク」催される　136
東京で伊能忠敬公演を観る　137
伊能忠敬のふるさと・佐原を訪ねる　138

第４章　第Ⅳステージ　大阪—指宿　２０００年１月27日～６月27日　１５３日間

３００７キロ　141
大阪から神戸へ三六キロ　143
子午線の町　145
坂越の海で伊能忠敬をしのぶ　148
岡山から倉敷へ　149
「お接待」のこころ　151
吉野川の河口で　152
田淵仙人現る　153
空と海・室戸岬　155
「地球３３番地」　157
雨と菜の花の四万十川　158
足摺岬に立つ　159
「ゼッケン」の和田晃さん　162
ワゴン車のオシドリ夫婦　164

「しまなみ海道」を歩く　165
入船山記念館　166
三市長の揃い踏み　169
二人で三人前　169
関門人道トンネルを渡る　170
木屋瀬小の児童と交流する　171
サトウサンペイさんと歩く　172
体調がおかしい　173
ワールドマーチのシューズ工場を見学　174
古傷が出てしまった　175
ムツゴロウのいる町　176
離島ウオーク　坂部貞兵衛の墓と天測の碑　178
雨の平戸　180
大阪で治療をうける　181
ツルの訪れる町　182
屋久島の雨と緑　183

指宿は遠かった　185

第5章　第Ⅴステージ　名護—東京　2000年8月24日〜2001年1月1日
131日間2439キロ　187

沖縄・名護市に集結　188
読谷村から　190
那覇の石畳　192
白銀坂を下る　193
明道小の児童と　195
須美江海岸とウクレレと一〇の瞳　197
石仏と関アジ　198
愛媛街道と海の道　199
八〇歳の現役　200
再び関門人道トンネルを　201
豊田町の人々　202
中原中也と松田屋　203

萩往還を越える　204
柿本人麻呂の足跡　205
一年と一〇カ月、きょうを待っていました　207
三たび雲の上の人と歩く　208
県境で一万キロ踏破　210
ハチに襲われる　211
雨の保津峡を越える　212
山上の厳しいもてなし　214
「本部隊からのメッセージ（案）」固まる　216
戦国の道　217
一体どんな人たちが歩いているのか　218
ボランティア・マッサージ師・伊藤貴夫さん　219
愛知県大会で一三九六人　220
夫唱婦随・向きあう人生　222
徳丸夫妻とランボウ君　230
平成のお駕籠渡り　232

ねむの木学園の子らと 233
小夜の中山 234
加藤剛名誉隊長のお膝下 235
サトウサンペイさんと柔道の山下さん 236
ワゴン車の「追っかけ隊」阿倍寛さん 237
箱根峠を越える 237
ラストスリーデー・ウオーク 238
世紀を越えて 240
結び・終わりの始まり 244
不屈な意志の感動の物語 249

＜第1章＞

第Ⅰステージ　東京―札幌

1999年1月25日～5月2日　98日間1980キロ

江戸東京博物館を出発する伊能隊
（筆者は先頭から三人目／朝日新聞社提供、撮影：金井三喜雄）

一八〇〇年、閏四月一九日、伊能忠敬が江戸を発ち測量の旅で最初に赴いた先は蝦夷であった。日本を一筆書きで一周する伊能ウオークも二〇〇年前の昔にならい第Ⅰステージは北の札幌へと向かう。まずは千葉県を南下して房総半島の南端・館山から銚子に進み進路を北に、鹿島灘、茨城、福島県の太平洋沿岸を仙台へと進む。ここから陸羽街道を盛岡から青森へと北上。津軽海峡を船で渡り北海道の松前に上陸、函館、洞爺湖、室蘭、登別をへて札幌にゴールの九八日間、一九八〇キロのコースとなる。

まだまだ厳寒の北上ではあるが、札幌に着く頃にはサクラが咲くという。

冬きたりなば春遠からじ……黒潮の房総、早春のみちのく、春間近の北海道をこの目で歩いて確かめてみたい。一月二五日から二八日までは四日間、首都圏五街道（東海、中山、奥州、日光、甲州の各街道）を歩き、一月二九日東京を出立することになる。

一九九九年一月二五日（月）晴　東京都・富岡八幡宮から東海道を歩く　一一キロ

伊能忠敬も旅に出るときは必ず門前仲町にある富岡八幡宮に詣でて出立をしたという。

きょうは伊能ウオークの初日、七時過ぎに代々木の宿舎を出て、二年間歩き通す大内隊長と本部隊員、コースにより随時交代する四名の副隊長に事務局のスタッフら一同が、八時に富岡八幡宮本殿前に集合した。境内はもう人でいっぱい。都内五街道の出発は毎日ここからとなり、きょうから一般参加者の受付も慣れぬ手つきで私たちが行った。東京～札幌を歩く第Ⅰステージ隊員一二名もここで合流し、紹介をうけ挨拶をかわした。九時より本殿で二年の旅の無事・安全を祈願しお守りをうけ記念写真をとり品川方面へと向かった。

皇太子ご夫妻から激励をうける

一九九九年一月二八日（木）晴　東京都・富岡八幡宮から甲州街道を歩く　一三キロ

真冬とは思えぬ暖かい日差しのなか新宿へ向かう途中、一一時、赤坂東宮御所・御門前で、皇太子殿下ご夫妻の激励とお見送りをうける。伊能ウオーク本部隊の大内隊長はじめ各隊員にそれぞれお言葉をいただいた。「二年間歩くトレーニングは何かやってましたか？」と、皇太子殿下からお言葉をいただいたので、私は「毎朝歩くことをつづけてきました」と、申し上げた。

いよいよ東京を出立

一九九九年一月二九日（金）晴　東京都・江戸東京博物館から出立、千葉県・船橋市役所へ　三一キロ

朝方、みぞれまじりの凍てつくような寒風が舞ったが空が晴れてきた。いよいよきょう東京を発つ。

この東京に戻ってくるのは二年先の二一世紀……長い旅に出るのだなあ……と思うと、熱いものがこみ上げる。

午前八時より墨田区・江戸東京博物館で出立式。主催者（日本ウオーキング協会・伊能忠敬研究会・朝日新聞社）、全国知事会その他多数の代表からと、会場に集まった二〇〇〇人を超えるウオーカーの激励をうけ、午前九時、加藤剛名誉隊長（俳優座）を先頭に一万キロウオークの第一歩を力強く踏み出した。

この日、初日の行程は船橋市まで、のっけから長距離の三一キロだ。途中で富岡八幡宮に寄り参拝、長旅の門出を祈願し街道に出て、ここから一路船橋市へと向かう。途中の沿道や街角で、寒さをものともせずびっしりと立ち並んだ大勢の人たちから、励ましの声援をうけ、都心から荒川へと向かう。荒川を渡り広々とした臨海道路に出ると、ハイテク工場が左右にズラリと建ち並び、視界ががらりと変わる。

しばらく歩いて、浦安に入ると東京ディズニーランドの尖塔が右手に見えてきた。このあたりはかつて山本周五郎がこよなく愛でたところだ。青ノリや、ハゼ、シジミを採って、つつましく誠実に暮らす市井の人々の様子が、いぶし銀のように描かれた小説の舞台であったが、道路から見る限り、いまその面影はない。

やがて市川市を通り、初日の三一キロは緊張と疲労とが入りまじり足どりも重くなったが、夕暮れの少し薄暗くなりかけた一七時二〇分、本日の到着地、船橋市役所にまずは無事に到着、安堵の胸をなでおろした。しかし到着してもまだ終わりではない。やる仕事が幾つかあるのだ。暗くなっては見えないので、到着式が始まったが途中で抜けだし、早速私たちの日課である緯度、経度の第一日目の計測を、ハイテク器機ＧＰＳ（Global Positioning System＝全地球測位システム）を使って行った。初日につき、間違いはないかと何度も確かめやっと仕事が終わった。

きょうの宿舎は市内のホテル、皆で歩いてホテルに着きトラックから荷物をおろし、部屋に運んで、そのままベッドの上に足を投げだしてゴロリと横になる。このまま眠れるものなら眠ってしまいたいがそうもいかず、部屋をでて夕食をすませ風呂に入り下着と靴下の洗濯だけはやった。片づけも旅のメモもそこそこに、ベッドにもぐり込んだのは二一時過ぎだった。

きょうはめまぐるしい一日だった。寒かった朝の出発式に始まり、出立、千葉県に入って午後東京都と千葉県との引き継ぎ式、船橋市へゴールし到着式とＧＰＳ、何もわからないままに、第一日が終わってしまった。いきなり三一キロは長すぎた。この生活がこれから二年つづくのかと思うと不安がよぎる。

＊５日目　延べ７６キロ　北緯３５度４１分　東経１３９度５９分

千葉県は伊能忠敬にとってゆかりの多いところ。一七四五年、九十九里で生まれた忠敬は、一七歳で佐原の酒造問屋・伊能家に養子に行き、五〇歳まで人生の前半、つまり第一の人生を過ごしたふるさと。そんなわけでこの地の人は彼を「忠敬（ただたか）」とは呼ばずに、「忠敬（ちゅうけい）さん」と親しみを込めて呼ぶ。

もう一つ伊能ウオークの歩くコースだが、二〇〇年前に忠敬が歩いた道が残っているところはなるたけ優先して歩く。それでも「全国レベルで忠敬が歩いたところを今回歩けるのは全体のおよそ四〇パーセント程度だが、千葉県は房総半島の海岸線をぐるりと一周するのでほぼ昔と同じところを歩く」とは、歩くルートやコースの選定に苦心されている日本ウオーキング協会の近藤米太郎さんの話だ。


一九九九年二月四日（木）晴　千葉県・富津市役所から館山市役所へ　二三キロ

東京を発って一週間、船橋から千葉、木更津、富津と臨海工業地帯を歩き約一七〇キロほど南下、房総半島の南端、館山市に。関西でいえば大阪から堺、泉佐野、和歌山へと南下、和歌山県の田辺市あたりに相当するのだろうか。ここからが外房と呼ばれる南房総だ。このあたりまで来ると、海の色が違ってくる。青というより碧に近い。スイセンも咲いている。雪を頂いた富士山が見えると誰かが大きな声で海を指す。海を見るとここから直線にして一〇〇キロぐらいだろうか、相模灘をまたいではっきりと雪を頂いた富士が大きく見えた。

東京を発って六日目、まだ何もわからず毎日無我夢中で歩いているが、東京での四日間とはずいぶん様子が違う。その一つが宿の相部屋だ。東京では代々木のかつてのオリンピック村の宿舎でシングルルームだったが、旅に出ればそうもいかぬ。私たち本部隊員一六名のうち女性は三名、残りの一三名が男性だが、毎日組み合わせを替えて相部屋となる。起床や就寝の時間に始まり、汗をかくからその日の洗濯もせねばならず、洗濯機の順番取りから朝のトイレタイムのラッシュなど、特に小さな宿では誰しもだろうが結構神経をつかうものだ。部屋の大きさにより、二人の時もあれば大部屋で六、七人の時もある。それぞれ違った環境で暮らし、この年になっていきなり相部屋は、原則のことは承知の上だが、これから二年間これがつづくとなると、歩くことよりむしろ集団生活の方が難しいのではないか。まだ始まったばかりだから隊員の様子も何もわからない。しばらく様子を見るとしよう。いずれにしても毎日歩き毎日宿が変わるということはハッキリしているから、もっとタフにならなければならない。

＊１１日目　延べ１９５キロ　北緯３４度５５分　東経１３９度４９分

黒潮が運ぶもの

一九九九年二月九日（火）晴　千葉県・勝浦市役所から一宮町役場へ　三九キロ

歩き始めてまだ一〇日あまりだが、この日は初の試練、三九キロの長距離だ。いつもより一時間早く七時四五分に勝浦市役所を出発。幸い空模様が味方してくれ朝から快晴。海岸線を一直線、午後からは風も出てきた。しかし行けど歩けどゴールはまだまだ先。三九キロは想像した以上に長い。潮風をうけながら右手に黒潮を見て、ようやく夕刻五時過ぎに、一宮町役場にゴール。足の裏が少し痛むので靴下を脱いでみたら案の定、水膨れのマメが両足裏にできていた。しかしこのくらいならまだ大丈夫、明日も歩ける。

ご存じの方もあるかと思うが、この外房にある白浜と勝浦と同名の地名が和歌山県にもある。調べたわけではないので確かなことはわからないが、きょう勝浦市の海辺に立って黒潮の大きなうねりを見ていると、紀伊半島からここまで約六〇〇キロあまり、ゆったりと時を重ね黒潮が人や文化を運んできたのだろうかと思ったりする。土地の人にこのことを聞いてみたら、言葉や漁獲の方法などに紀州と幾つか似たところがあり、伊豆半島にも白浜という地名があるという。ますます興味は尽きないが、機会があったらあとでゆっくり調べてみたいものだ。

＊１６日目　延べ３２７キロ　北緯３５度２２分　東経１４０度２３分

伊能忠敬の出生地

一九九九年二月一二日（金）晴　千葉県・九十九里町役場から野栄町役場へ　二五キロ

九十九里町は伊能忠敬生誕の地で千葉県大会（Ⅲ）があった。昨日は東京出発以来初めての雨だったが、町内・小関にある生誕の地など、ゆかりの地を訪れた。忠敬の生家は漁師だったといわれる。南北に約七〇キロと長く伸びる九十九里浜のほぼ中央に位置するこの町の海辺、幅広く砂浜が南北に延び、時折大きな波がうち寄せると砂浜に波の白い帯模様が、いっせいに横に長く広がる。

青い海と砂浜、この風景やここで採れるイワシなど、彼が生まれた一七四五年頃と、さほど大きくは変わっていないと土地の人から教わった。昼には地元の人たちから特産イワシのつみれ汁が振る舞われて、三三〇人の参加者も大喜びだった。

明けてきょうは朝から晴、国道一二八号を避け海沿いの旧道や新しくできたサイクリング道を歩いた。どこまでもつづく渚と白い砂浜、道端に咲く満開の菜の花。碧、白、黄のコントラストが、二月とはとても思えぬ初夏を思わす日差しの下でまぶしく映える。午後からは上着のヤッケを脱いだがまだ暑いくらいだった。

また、この日は地元の小、中、高生約二一〇人が卒業記念にと参加してくれた。忠敬のことや、学校のことなど、世代を超えて話に興じながら楽しく道中を過ごし、一五時四〇分野栄町に着いた。

出発前に取材でお世話になった朝日新聞大阪本社社会部・日浦統記者に電話をいれ元気で歩いている様子を報告した。「面白そうですね。デスクとも相談するが旅だよりを大阪版に載せてみませんか？」と話があった。

＊１９日目　延べ３９４キロ　北緯３５度３９分　東経１４０度３４分

一九九九年二月一四日（日）晴　千葉県大会（Ⅳ）銚子市内　二〇キロ

道中、小学生からさかんな声援をうける（茨城県鹿嶋市）

千葉県の北東端、利根川の河口を挟んで北側はもう茨城県だ。本州で一番早く日の出が見える町、銚子市。市役所から銚子港に出て海岸を歩く。突端の犬吠埼から地球が丸く見える丘公園をめぐり市内に戻る二〇キロ。

犬吠埼の灯台からは視界いっぱいに広がる紺碧の太平洋を見た。まだ二月というのに午後はこのところ連日初夏を思わす暖かさ、黒潮の恵みをうけているのだ。

きょうは日曜、明日からは千葉県をあとに鹿島灘に沿って北の国へ北上とあって東京周辺の友も大勢駆けつけてくれた。本部隊に応募して昨年一一月東松山の選考会の合宿で一緒に歩いた仲間、事情があって参加を断念したが、柏市の大内繁男さん、千葉市の渡辺博道さん、渡部園子さんたちがまた何処かで参加するから「それまで頑張れ」と励ましにきてくれたのだ。

ちなみに薬剤師の渡部さんは東松山の選考会のあと皮肉というか、ラッキーというか、第一回の国家試験・介護士に合格してしまったのだ。この人たちの分も歩こう。

＊２１日目　延べ４３５キロ　北緯３５度４２分　東経１４０度５２分

一九九九年二月一八日（木）晴　茨城県・鉾田町から大洗町へ　二〇キロ

銚子から鹿島灘をまっすぐ北に約七〇キロ歩いてきょうは北端の大洗に。昨日は朝、澄んだ冷気のなか鹿島神宮の森を歩いた。午後大きな波が陸に向かってくりかえす海が見えだした。歩きながら大洗海岸の日の出のポイントを教えてもらった。あす朝、晴だったらカメラでゲットしてみよう。

六日ほど前に朝日新聞大阪本社社会部・日浦記者と電話で話した「旅だより」の件、正式に依頼の話があったので、引き受けることにした。歩きながら雑誌『イグザミナ』につづき新聞と、二つも書くのは大変だとも思うが、どうせやるなら五十歩百歩。これもご縁と思いトライしてみることにしよう。

＊２５日目　延べ５２７キロ　北緯３６度１８分　東経１４０度３４分

観梅ウオーク

一九九九年二月二〇日（土）雪　茨城県大会（Ⅰ）観梅ウオーク　水戸市内　二三キロ

前日から降り積もった雪で出発会場の千波公園は白一色。梅に雪、空から素晴らしいプレゼントをもらった。新雪に二分咲きの梅が映える。足許は少し滑りあやうかったが、新雪や梅を眺めながら水戸の町を地元の人たち約六〇〇人とウオークを楽しんだ。市内の大塚池では二〇〇羽あまりのオオハクチョウが私たちを待っていてくれた。「来年もまた来いよ……」と餌を与えると、人なつっこく近くに寄ってくる。この時期大勢の人たちが餌を持ってこの池を訪れ、しばしの別れを惜しむのだという。心のなごむ光景だ。あとで聞けば、二月の末頃から北の国シベリアに向け飛び立ったという。

＊２７日目　延べ５６６キロ　北緯３６度２１分　東経１４０度２７分

初めての四一キロ

一九九九年二月二二日（月）晴　茨城県・水戸市役所から日立市役所へ　四一キロ

この日は、これまでで一番長い距離の四一キロ。昨夜は皆、きょうは長くて大変だからといつもより早く午後八時半頃には就寝。きょうは早朝から夕方まで歩いた。午前七時四五分、一般参加のデーリー隊員を併せ約一五〇人が水戸市役所を出発。途中隊列の離れなど若干はあったが、全員歩きに歩き一七時一〇分無事完歩し日立市役所にゴールした。

きょうは天候も幸いしたせいか、それほど長くは感じなかった。それより私は二週間前の勝浦～一宮間三九キロの方が、マメもできたしもっと厳しかった。しかしあの日の経験が大きな自信につながったように思う。

到着セレモニーのあと、この町がバーミングハム市（アラバマ州・米国）と姉妹都市であることを市の高畠俊助役から聞き、「あの、サミエル・ウルマンの……」と尋ねたら、「そうです。『青春』のレリーフも陳列してあります」と言われる。

思いもかけぬところで、Ｓ・ウルマンに会えた喜び……私の好きな「歳月は皮膚の皺を増すが情熱を失うときに精神はしぼむ」の一節もレリーフに刻まれてあった。

長いあいだ幻の詩人としてヴェールに包まれたサミエル・ウルマン（一八四〇〜一九二四）はドイツ生まれのユダヤ系アメリカ人。移り住んだバーミングハムで金物商を営み社会事業にも熱心なユダヤ教徒だった。家業のかたわら人生の後半、旅や詩の創作に興味をもち、旅先から家族やごく親しい友に詩を贈った。ウルマンの八〇歳の誕生日に、親しい人たちが彼の詩を集めて「自費出版」し、それが静かに語り継がれてきた。「青春」の詩は、そのなかの一つ。マッカーサー元帥が、大変好んでいたとも言われ一九四五年『リーダーズダイジェスト』で「青春」の詩が紹介されるや、わが国でも企業家や経営者のあいだで好んで愛誦された。一ビジネスマン・作山宗久氏の情熱でＳ・ウルマンのルーツ探索が始まり、ようやく自費出版のオリジナル版が発見された。いまから一五年前、一九八六年のことだ。これまで世に出ているものとはかなりニュアンスの違う部分のあることもわかった。

「青春とは人生の深い泉の清新さをいう……」の訳文などはオリジナル独自のもの、人生の深淵に光をあて、それを見つめたウルマンのまなざしを感じる。

＊２９日目　延べ６２７キロ　北緯３６度３５分　東経１４０度３９分

まぼろしの浜街道を歩く

一九九九年二月二五日（木）曇のち雪　茨城県・北茨城市役所から福島県・いわき市小名浜会館へ三七キロ

きょうは茨城県から福島県に入る日。ゆるやかな坂道を上り、正午県境の「勿来の関」に到着した。ここで隊旗などの引き継ぎ式を行った。このあと多くの先人が越えたという、往時の面影を彷彿とさせる石畳の旧道を歩き関所を越えた。ここはもう、みちのくの玄関なのだ。空が曇りみぞれが降りだした。

いったんふもとに下りて、平地をしばらく歩き、この日のために地元の皆さんが整備をして私たちが通れるようにしてもらった「まぼろしの浜街道」峠越えルートを歩いた。その昔から土地の人だけが知る新田坂・山越え早馬の近道ともいわれる。忠敬も妻ミチを連れてこの古道を通ったというが、谷間などで道がぬかるむところどころには道にムシロが敷いてあった。道に敷いたムシロの上をどうぞ歩いてくれといわれる……この心遣い。いまふたたび歴史の証人として、この道を蘇らそうと……みぞれ降る峠で聞いた古老からの心温まる話と、いただいた甘酒の温かさで胸が熱くなった。
＊３２日目　延べ６９８キロ　北緯３６度５６分　東経１４０度５４分

樅の木は残った

一九九九年三月二日（火）晴　福島県・広野町役場から富岡町役場へ　一八キロ
県境から六〇キロあまり北上、北緯三七度一二分あたりが広野町となる。樅の木がところどころで目に入りだした。枝をすっと横に張った針葉樹の大きな木だ。このあたりが生息の南限だそうで、平地でも見られるようになる。伊達六〇万石・お家騒動を描いた山本周五郎の名作『樅の木は残った』を思い出す。あの樅の木だがこのあたりも伊達藩の領地だったのだろうか。
＊３７日目　延べ７９３キロ　北緯３７度２０分　東経１４１度００分

一九九九年三月五日（金）晴　福島県・原町市役所から相馬市役所へ　二八キロ
きょうは、「相馬野馬追」で知られる原町市から相馬市まで歩いた。朝の出発式では古式ゆたかに、ホラ貝武者を従え鈴木寛林市長みずから陣羽織姿で私たちを激励。途中浜街道の沿道では、小さな幼稚園児や、小、中学校の生徒たちが道路端まで出て、手を振り懸命の声援を送ってくれる。寒いなか私たちが通り過ぎて振り返ると、なおもちぎれんばかりに手を振る姿に思わず手を合わせたい気持ちになる。

こうした光景を目のあたりにすると「この国の未来は明るいのだ……」と信じたくなる。一五時三〇分に着いた相馬市でも、今野繁市長はじめ地元の皆さんが郷土色豊かに陣羽織を着ての出迎え、同市・延原生涯学習課長が自慢のノドで「相馬流れ山」を披露、喝采をあびた。

＊４０日目　延べ８７１キロ　北緯３７度４７分　東経１４０度５５分

杜の都・仙台へ

一九九九年三月一二日（金）晴　宮城県・名取市役所から仙台市勾当台公園へ　二〇キロ

名取市の南、岩沼市あたりから私たちの歩くコースの道端に「奥の細道」の道標が目に入りだした。一六八九（元禄二）年の春、江戸・深川から奥州街道（現在の国道四号）を通り、みちのくへと旅立った芭蕉のルートに、一八〇〇（寛政一二）年忠敬が北上した浜街道（現在の国道六号）が岩沼で交差するからだ。ここから岩手県の平泉あたりまで、先人の二人はおよそ一〇〇年の時を隔てて、ほぼ同じ道を北上している。さらに二〇〇年の時を経ていま、平成の伊能忠敬たちは自分の「目と足」で先人の足跡をたどり、歩く喜びをひしひしと感じながら名取の町を北上しているわけで、感慨もひとしおだ。やがて仙台の郊外、広瀬川の堤を歩き市内へと向かうが、河原から吹きあげる北風をうけ進むと、雪を頂いた蔵王がゆっくりと大きく前方に姿を現す。市街に入り大通りを通り抜けようやく一五時、杜の都・仙台市勾当台公園に到着した。ここからいよいよ、みちのくの旅が始まる。

＊４７日目　延べ９８４キロ　北緯３８度１５分　東経１４０度５２分

一九九九年三月一三日（土）晴　宮城県大会（Ⅰ）仙台市内　二〇キロ

《一〇〇〇キロ踏破》

仙台市で宮城県初の大会とあって朝から大勢約八〇〇人が会場に詰めかけ、一〇キロ、二〇キロのコースに分かれて歩いた。浅野史郎知事も「自分の足で息吹を感じるところに歩く意義がある……」と挨拶、日頃ジョギングで鍛えた健脚で市民と一緒に一〇キロコースに向かった。二〇キロコースは市内を抜け広瀬川から大年寺山、牛越橋を通り出発地に一五時二〇分到着。朝方は冷えたが午後は快晴、汗がうっすらとにじむほどだった。

ゴールでは、県朝日会から振る舞われた「ぜんざい」と、スタート時の様子を載せた号外に、参加者も完歩の喜びをかみしめた。

またこの日、延べ歩行距離が一〇〇〇キロに達した。しかしこれからまだまだ先は長いのだ。

＊４８日目　延べ１００４キロ　北緯３８度１５分　東経１４０度５２分

一関に着く

一九九九年三月一九日（金）雨のち雪　岩手県・花泉町役場から一関市役所へ　一五キロ

仙台から一関、平泉、花巻、盛岡、そして青森へと陸羽街道を北上、忠敬が歩いた道をたどる宮城、岩手、青森県の「みちのく」コースは素晴らしい。

芭蕉が歩いた奥の細道の点と点を結ぶ東北自然道「新・奥の細道」と交錯し、宮沢賢治や石川啄木が生まれ過ごしたゆかりの地を訪ねながら北上する探索の道でもあるからだ。忠敬は行く先々のことを丹念に調べていたふしもあるので、芭蕉が歩いた一六八九年より約一一〇年後の一八〇〇年に当地を歩いた時は、芭蕉のことを知っていたのではないかと思ってしまう。

花泉町から陸羽街道を北上。一関市内の街道筋、磐井川のほとりで、芭蕉と曾良が泊まり平泉・中尊寺におもむいたという二夜の庵跡に、「夏草や　兵《つわもの》どもが夢のあと」「五月雨の降りのこしてや光堂」「卯の花に兼房みゆる白毛かな」の三句を記した曾良の旅日記碑を見つけた。みぞれがちらちら舞う午後、一関市役所ゴール手前約一キロの場所だった。

ゴールが済んで到着セレモニーの終わったあともう一度、碑のところに引き返しゆっくりと旅日記碑を読み直す。「元禄二（一六八九）年五月一二、三日宿ス……」とあるから三一〇年前のことだ。さながら歴史の交差点を往く思いを深くする。

雪の水沢市（岩手県）を歩く伊能隊（朝日新聞社提供、撮影：金井三喜雄）

＊54日目　延べ1132キロ　北緯38度55分　東経141度07分

雪舞う中尊寺

一九九九年三月二一日（日）晴　岩手県大会（Ⅰ）平泉町　一一キロ

きょうのウオークは午後からなので午前中は休養をとった。といっても洗濯や日誌の整理、友に葉書をしたためたりしているとあっという間に昼になってしまう。寒い日だ。宿の窓越しに雪がちらちらと舞うのが見える。午後から町役場の方の案内で中尊寺と平泉郷土館などを見学した。ここにはこれまでに一度きたことがあるが、きょうはゆっくりと歩いて藤原三代、絢爛の懐に奥深くふれることができた。金堂にも寄ったが、なかでも寒風のなか経堂の奥に建つ能舞台の美しさは圧巻だった。舞台の後ろの壁板に描かれた彩色の絵、緑の配色がひときわ冴えていた。

坂を下りて中尊寺に別れをつげる頃から、風が出て雪が舞い、夕刻から降り始めた。

＊５６日目　延べ１１６３キロ　北緯３８度５９分　東経１４１度０７分

一九九九年三月二二日（月）雪　岩手県・平泉町役場から水沢市役所へ　二三キロ

昨夜からの雪が積もりだした。朝目を覚ましたら見渡すかぎり一面新雪の銀世界。一五センチは積もったろうか。朝になっても時折猛吹雪がふく。しかし予定を変えるわけにはいかない。予定どおり七時過ぎには宿舎を出た。

この日は水沢市まで、初めての雪中歩行で試練の日となった。歩行用アイゼンをつけるなど、怠りなく一応の装備を整え出発する。はじめの頃はよかったが、昼頃から雪が解けだしシャーベット状になると始末が悪い。大型車が通る国道は早く雪が解け、容赦なく雪のシャーベットを撥ね上げ足許が滑り濡れてくる。しかしこれも自然現象、これから先まだまだつづくと思えば、いまから早く慣れるに越したことはない。

午後からは車の少ない道を選ぶなど一部コースを変えて歩いたが、こんな日でも一般の参加者がある。地元水沢市の小野寺さんという年輩の方と、午後二時間ほど道中一緒に歩いた。

これしきの雪は雪のうちに入らぬそうで、水沢が高野長英の故郷であることや、オオハクチョウが秋の終わりに来て冬の終わりに北の国へ帰る話など、含蓄のあることをいろいろ教わっているうちにゴールに近くなり、吹雪のなかで別れた。いただいた名刺をあとで見たら、「北上書房専務　小野寺誠」となっていた。難渋の末、水沢市役所に着いたのは予定を四〇分ほど過ぎた一六時四〇分頃になった。

＊５７日目　延べ１１８６キロ　北緯３９度０８分　東経１４１度０８分

北上川とオオハクチョウ

一九九九年三月二四日（水）晴　岩手県・北上市役所から花巻市役所へ　二二キロ

二日前の雪はまだ少し残っているがきょうは快晴。北上川に沿って遡上し、花巻まで歩く東北自然道は、いまが一番よい時期だという。

残雪に映える焼石岳（一一三一メートル）を川越しに眺め、水量ゆたかに流れる清流と、おだやかにカーブする両岸の日陰にまだしっかり残る残雪のなか、自然道を川上へと歩く。流れがゆるやかになったところで川面が白くなるほど羽を休めるオオハクチョウとカモの群れ。時々群れをなして北の国へ飛び立つオオハクチョウは見る者の胸をうつ。

寒空に向かって白い首をまっすぐ前に伸ばし前方を見すえ羽をいっぱい広げて力強く羽ばたき、両足で水を蹴り水面を離れる一瞬は、躍動感あふれる感動の光景だ。しっかり休養をとり栄養を蓄えて遠く

北上川から北へ飛び立つオオハクチョウ（岩手県北上市）

へ飛び立つ姿に立ち会うだけで言葉は要らない。大きな自然の摂理の妙にただただ感じ入るばかりだ。

　雪が一五センチ降ったといっては、アイゼンをつけ防寒をする私たちは彼らにどう映るだろうか？　と考えると、雄大な自然の前に私はあまりにもひ弱で卑小な存在なのだな、と思えてならない。
＊59日目　延べ1231キロ　北緯39度23分　東経141度07分

宮沢賢治のふるさと

一九九九年三月二五日（木）晴　岩手県・花巻市役所から石鳥屋町役場へ　一五キロ
花巻は宮沢賢治のふるさと。昨日ゴールのあと暗くなるまで花巻の町を探訪した。
まず賢治がこよなく愛した北上川の「イギリス海岸」。

白亜紀泥岩の露出をドーバー海峡の地質に似せて名付けたという右岸の岸辺の泥岩は、雪解けで水かさを増し、あいにくと見えなかった。

なみはあおざめ　支流はそそぎ
たしかにここは　修羅のなぎさ

イギリス海岸から川の堤防づたいに生家跡まで約三キロくらいだろうか、賢治が歩いては瞑想にふけったという堤防の下、雑木林のなかにつづくひっそりと静まり返った小径を一キロほど歩いた。残雪が解けてところどころにできた水溜まりに裸の木々と空が映る。さらに川づたいに歩き下って賢治の生家跡に着いた時はすでに夕闇暗くなりかけていた。賢治が書いた「下ノ畑ニオリマス」と書かれた黒板を見、家のまわりを一周し、詩碑も眺めただけで宿に引き返した。

明けてきょうは晴。石鳥屋町に向かう途中、賢治が教鞭をとった花巻農学校（現・花巻農業高校）と羅須地人協会にも立ち寄った。不思議な縁で協会のなかに移築された賢治の生家の前では、賢治の「花巻農学校精神歌」を誰かがハミングしだすと、やがて土地の人々が輪になって歌声がゆるやかに芝生の上に広がりだした。何とも自然で美しい光景だ。石鳥屋町にゴールしてから時間があったので、胡四王山にある宮沢賢治記念館に引き返しゆっくりと館内を見学することができた。館内でさまざまな資料を見ていると詩人で科学者、教師で農民、そして宗教家といくつもの顔が浮かびあがる。賢治が愛用した古ぼけたチェロやあの独特のしなやかな字体で何度も書き足した詩集の黄ばんだ原稿用紙をしばらく見ていると、選ばれた文字の一つひとつがつながって響きあい、息づかいが聞こえるようで、しばらくは立ち去り難かった。

＊６０日目　延べ１２４６キロ　北緯３９度２８分　東経１４１度０９分

一九九九年三月二八日（日）晴　岩手県・盛岡市役所から玉山村役場へ　二〇キロ

盛岡市から北に二〇キロ、ゆるやかな丘陵をアップダウンしながら北上川に沿い上流に向かう。市内を過ぎた頃から右手に岩手富士・岩手山（二〇三八メートル）が間近にせまる。

玉山村の旧渋民村は石川啄木のふるさとだ。啄木がここで幼少時に通学し、のちに代用教員にもなった渋民小学校分校が保存され記念公園となっている。「やわらかに柳あおめる北上の岸辺目に見ゆ泣けとごとくに」の句が刻まれた大きな石碑が建っている。「石をもて追はるるごとくふるさとを出でしかなしみ消ゆるときなし」と、追われるように郷里を離れ、赤貧に明け暮れて病に倒れた薄幸の二六歳、この人の生涯はあまりにも短すぎた。

＊６３日目　延べ１３１１キロ　北緯３９度５０分　東経１４１度１０分

北緯四〇度の世界

一九九九年三月三〇日（火）晴　岩手県・JR御堂駅から一戸町へ　二九キロ

岩手町のJR御堂駅は北緯四〇度〇〇分に位置し、マニアのあいだではよく知られたところである。早速手持ちのGPSで測ってみたらドンピシャリの四〇度〇〇分だった。このGPSとは、米国国防総省によって打ち上げられた二四個の識別されたGPS衛星から発信される信号を四個以上で受信、それにより全世界の海上、陸上、空中のどこでも正確な位置（測位精度三〇～一〇〇メートル）を測位することができるシステムのこと。もう少しわかりやすくいえば車についているナビゲーションの兄貴分と思ってもらえばよい。

いま私たちが使っているのは「GARMIN」というアメリカ製、携帯電話をもう少し大きくしたような計器だが、電源をオンして二～三分で精度の高い位置が計測できるスグレモノだ。東京を発った翌日の船橋市で、建設省・国土地理院の野々村邦夫院長はじめ後藤勝広衛星情報報係長らの皆さんから計測のご指導をいただいた。

毎日、出発地と到着地の緯度・経度計測を行い、結果を毎木曜の夜に、朝日新聞東京本社の「伊能忠敬プロジェクト」事務局へFAXで送信、毎土曜朝刊のスポーツ面（全国版）に伊能ウオークの移動記録として掲載され読者からも好評を得ている。出発から二カ月たち各チームで交代しながら計測を行っているが、この頃では扱いもかなり習熟してきた。

この日は北上川の源流をたずね、青森県との県境近い一戸町まで、一部東北自然道も歩く峠越えのコース。山や谷には雪も見える。御堂駅から陸羽街道を二キロほど北上したところで右手の自然道に入る。ここからゆるやかな坂道を六キロほど進み北上川の源流地点にたどりついた。道の左の谷から清水がチロチロと流れている。

このあたりまでくると人家もなく、音一つしない白銀の別世界。しかし歩行は難行苦行、日陰では一メートルを超す積雪もあり足許が滑り思うようにならず、たった一キロほど進むのに三〇分近くもかかった。快晴のもとじっとりと汗ばんで、車も通らず私たちだけが歩く雪の峠越え。午後二時過ぎに峠を越えて坂を下り陸羽街道にようやく出た。

きょうは天からの贈り物「雪のみちのく」を存分に堪能できた一日となった。
＊65日目　延べ1360キロ　北緯40度12分　東経141度17分
一九九九年四月一日（木）晴　岩手県・二戸市から青森県・三戸町へ　一六キロ
陸羽街道の国道四号に沿い岩手県の北部から青森県の南部にかけ一戸《いちのへ》から九戸《ここのへ》の名がつく市や町、村を通る。奥羽山脈のふもとを南へ流れる北上川に沿って仙台から盛岡、八戸へと通じる動脈の旧街道だが、この地方独特の名前で昔から陸羽街道に沿って点在していることも興味深い。また盛岡から八戸あたりまでの一帯が南部藩の所領であったところで、南部駒の産地でもあった。

二戸《にのへ》の「へ」はもともと街道の宿場の呼び名、もう一つは家の戸口に馬をつないでいるところから由来しているとのこと、昔は耕地が少なく農作物のかわりに、馬も大事な商品として家のなかに居場所を与えられ、大きくなるまで家族の一員として生活していた……と。馬がいると蹄や農機具も必要となり、南部鉄の産地としても栄えたのだという。歩きながらこうして土地の人からいろいろなことを教わるのもまた楽しみの一つだ。午後、三戸町の手前で岩手県から青森県に入った。

＊６７日目　延べ１３８６キロ　北緯４０度２２分　東経１４１度１５分

きょうは世界保健デー

一九九九年四月七日（水）雪　青森県・七戸町役場から野辺地町役場へ　二二キロ

今年は暖かい冬と聞いたが岩手県から寒さがひとしお厳しく青森県に入って風がまた強い。四日、八戸市の県大会で馬淵川の堤防を往復（二〇キロ）したときは寒い北風をまともにうけて耳がちぎれるほど痛かった。

歩く先々、かやぶきの民家の軒にさがる「つらら」がよく見られるようになった。昨夜からまたいちだんと冷え寒くなった。夜中の三時頃トイレにいったらシーンと静まり返っていたので、雪ではないかと窓を少し開けてのぞいたら雪が吹き込み、案の定外は真っ白、シンシンと雪が降っていた。今朝起きてみたら屋根で二〇センチ、道路で一五センチほど積もっていた。朝食をすませ七時、少し早めに七戸町役場へ向かう。途中、馬の蹄を作ったり修理する店「蹄鉄屋」の前を通った。雪さえなければ西部劇でお目にかかるような情景だが、珍しくて蹄を眺めていたら店の親父さんが「古いのでよかったら持っていくかい」と。少々重いが一ついただいて早速トラックに積み込んだが、「早起きは三文の徳」、今朝は嬉しいことにありついた。

きょう四月七日はＷＨＯ（世界保健機関）の世界保健デー。

この日にちなみ朝、七時五〇分から二〇分間、宮下厚相（霞ヶ関）と七戸町長をまじえた私たち伊能本部隊（七戸町役場）を結ぶ異色のＴＶ会議が行われた。わずかな時間だったが宮下厚相から「歩くと健康になりますか」とたずねられたので、「青森はまだ寒いが、私たちの体調はいまベスト、歩きつづけることが心身の健康増進につながる何よりの証左です」と申し上げた。

会議を終えて外に出れば、やまずに降る雪で春一番の大雪となった。しかしこの頃は雪にも慣れ、この日は気温が低くサラサラとベタつかず歩きやすかった。下北半島の付け根に位置する野辺地町役場には一五時に着いた。ここから山水画のようなモノクロの冬景色と野辺地湾の向こうに津軽の海が見えた。

＊７３日目　延べ１５２３キロ　北緯４０度５１分　東経１４１度０７分

八甲田・酸ヶ湯と三内丸山遺跡

一九九九年四月一〇日（土）晴　休養日

久方ぶりの休養日。きょうは晴天につき歩きをやめてドライブしようということで、隊員の半数近くで八甲田山のふもとにある温泉・酸ヶ湯へ行き、帰りに三内丸山遺跡を見ることになった。

青森市内から十和田ゴールドラインを約二〇キロも行くと積雪を掘り割った道路を走る。もう一〇キロも奥に入ると積雪は五メートル以上。やがて八甲田山（一五八四メートル）のふもとの湯治温泉・酸ヶ湯に着く。昔もいまも農閑期になると食料持参で逗留できるひなびた混浴の温泉場だ。豪雪にも耐える年代ものの建物も一見の価値ありだ。この湯にしっかり温まって市内に戻り三内丸山遺跡を見る。

県が計画した野球場の建設現場から、みちのくのこの地に五〇〇〇年も前、想像し難いような進んだ縄文時代の生活が築かれていたことが発見された経緯はまだ耳新しいが、現地を見てやはりこれはすごい……と思う。堅い大木を組み、高さ二〇メートルを超すような大家族の住居と生活様式が当時すでにあったという説にも驚かされるが、埋葬に際し大人は遠くても子供はほとんど住居の周りの近くで発見されると聞いて泣かされる。五〇〇〇年も前がどんな時代なのか想像もつかぬが、この世に生まれたが不幸にして成長できずに死んでいく子を何時までも近くで見守ろうとする親の切ない気持ちの表れだろうか？

この発掘はこれから幾年もつづくという。ここの遺跡の出現により、これまでのわが国の縄文時代の定説や認識に見直しが加わること必至だともいう。

エジプト・ギザのピラミッドの周辺で、近年観光客を乗せたラクダが偶然つまずいた地中の石からピラミッドの謎を解く遺跡が見つかり、解明が進んでいると聞いた。野球場の建設がなかりせば……偶然は時に、とてつもなく大きな必然をもたらす。

赤牛喜代治さんに会う

一九九九年四月一一日（日）晴　青森県大会（Ⅱ）青森市内　一五キロ

青森市役所から青森港、海岸通りを歩き、合浦公園で折り返し国道四号を通り市役所に戻る一五キロ。大勢の参加者に交じり青森市内の赤牛喜代治さん（六六）という方と偶然一緒になり少し歩いた。実はこの方、五年ほど前、狭心症で倒れたが医者のすすめもあり一念発起、ウオークをつづけ努力のかいあって病を克服できた。ようやく最近好きな酒も少しずつ飲めるようになり、目の前が明るく生きる自信をとり戻したと言われる。

そこにきて今年は伊能ウオークが青森にやって来る。「伊能ウオークは歩けることに感謝と、もう一つ夢を与えてくれた」と、嬉しそうに話される。一緒に地元のおはるさん、およねさんも大きな笑い声を響かせ元気に歩いた。第IIステージで再会を約し別れたが、心温まるサポーターの存在は、私たちにも大きな勇気とやすらぎを与えてくれる。

＊77日　延べ1582キロ　北緯40度49分　東経140度45分

一九九九年四月一二日（月）曇　移動日　青森から函館経由・松前町へ

朝からフェリーで青森港から函館港へ。函館からバスで北海道西南端の松前町へ移動。

伊能忠敬は一八〇〇年五月一九日、津軽半島北端の三厩《みんまや》から船で北海道・福島町の吉岡へと渡った。

一九九九年四月一三日（火）雨　北海道・松前町松前城から福島町役場へ　二二キロ

北海道の初日は、震え上がるほどの北風と横なぐりの雨。この地は蝦夷でもいち早く松前藩が置かれ、出発会場の松前城は松前の桜で名高いところだ。桜祭りのキャンペーンガールも出発式に花を添えてもらったが、この雨で可哀そうだった。風と雨で前が見えぬほどのなか、八時四五分城門を出て海岸線を歩き、東の福島町に向かう。福島町は相撲の町、千代の山や千代の富士の横綱を輩出したところだ。

途中の白神岬では津軽海峡の大きな白波がうねり海は荒れていたが、午後二時過ぎ少し先の福島町・吉岡に着いた。吉岡の漁港には「忠敬上陸の地」と記した道標が建っていた。

一八〇〇年の五月一九日、忠敬が北海道に初めて上陸したところだ。海を見ると、青森・津軽半島の三厩から小さな船でここに来るだけでも並み大抵ではない。しかしそれにしても五月とはよい時期を選んだものだ。用意周到、野外の測量作業に一番よい季節をねらっていたのだ。
＊７９日　延べ１６０４キロ　北緯４１度２８分　東経１４０度１５分

函館山と地図マニア

一九九九年四月一八日（日）晴　北海道大会（Ⅰ）函館市内　一五キロ
福島町から東へ約八〇キロの函館市には昨日午後着いた。函館港・シーポートプラザで、地元サポータークラブの皆さんから美味しい地ビールとシーフードで歓迎の夕べを開いていただいた。きょうは初の道内大会。晴れてやや暖かい。メモリアル・シップ摩周丸の停泊するシーポートプラザから海岸通りを通り、函館山（三三二メートル）に登り往復するコース。

函館山ロープウエーのりばから左手の自然歩道を歩き山頂へと登る。

山頂には、一八〇〇年五月、函館山で伊能忠敬が天測をした史実に基づき、函館市が一九五七年に作成したレリーフがある。

昨秋の選考会以来時々お目にかかっては話をさせていただく、伊能家のスポークスマン・七代目夫人の伊能陽子さんもこの日、東京から駆けつけて参加してくださり、約三〇〇人のウオーカーと一緒に登った。

もう一人、千葉県東金市の三枝昭三さんもひょっこり現れ再会を喜んだ。地図マニアそしてバイク野郎。この人の宝ものは集めに集めた数千枚もの地図コレクション。一枚の地図から数多くの地理や人々の暮らし、歴史や文化を見て取り楽しむことができる……といわれる。地図を見るのではなくこの人は地図を読むのだ。二万五千分の一の地図を見て里から山に分け入る細い一本の道一つにしても古い道か新しいものか、ふもとに流れる水は山の形状からみて伏流水か否か、陽当たりのよい斜面にはどんな作物や果物が採れ、人々はそこでどんな暮らしをしているか……？　などと、想像を駆り立てて車で行けぬところが多いのでバイクを駆って全国を行脚しているのだという。一枚の地図からこんなリッチな旅が生まれるのである。最近国土地理院のモニターになられたと聞いたが、千葉で一緒に歩き、宮城、北海道まで激励ウオークに来てくださった。

歩くと、じっとりと汗ばむほどの陽気となった。山頂に近づくにつれ視界が広がり心地よい風が吹く。一二時三〇分山頂に着いた。眼下に函館の街、東に駒ヶ岳が見える。建物の壁にはめ込まれたレリーフをまず見る。一八〇〇（寛政一二）年五月二八日の夜、ここで天測……と測量日記の一部がここに記してある。自分で究めた学問の成果を試さんがため、あの不自由な時代に私財を投じ江戸からここまで歩いて来る……そしてこの山に登り夜、天の星を測る……気が遠くなるような話だが二〇〇年前の事実なのだ。そのバイタリティにはもう理屈抜きで頭が下がる。帰りみち伊能陽子さんと、そんなことを話しながら山を下りた。

＊８４日目　延べ１６９３キロ　北緯４１度４６分　東経１４０度４３分

一九九九年四月二一日（水）晴　北海道・八雲町から長万部町役場へ　三六キロ

一九日から始まった三日間で函館～長万部間一〇八キロは、第Ⅰステージ最長のコースだ。

これまで四一キロが一日あったが、毎朝七時四五分出発、三〇キロ以上を三日連続は初めてのハードな行程だ。幸い天候に恵まれ一九日は函館を出て午後大沼トンネルを抜けると駒ヶ岳（一一三一メートル）が見えた。ミズバショウが咲き始めた大沼公園を通り内浦湾（噴火湾）沿いに森町まで三二キロ。景色を楽しみながら一日目が終わった。

二〇日は森町から八雲町まで国道五号を北上の四〇キロ。朝のうち、行けども行けども一直線の国道を歩いた。一〇キロ近くもあったろうか？　これが北海道なのだろう。

三日目のきょうは最高の晴天。七時三〇分日本最北の関所跡、八雲町山越で出発式。「噴火湾の雄大な景色を満喫してください」と長谷川洋二町長が激励のあと、山越小学校の生徒四〇人による「どどん太鼓」で元気よく、地元や道内の人々に交じり東北や遠くは関東から、この一〇八キロに挑戦しようと集まった約二四〇人がスタートした。

東京の高橋清子さん、千葉の藤森實さんや埼玉の金井仁司さんらはもう「追っかけ隊」の常連だ。この「追っかけ隊」という名称は初め誰ともなく言いだしいまではすっかり定着してしまったが、初めて伊能ウオークに参加した人がその魅力にとりつかれハマッテしまい、以降歩く先々を追いかけて何度もやってくるリピーターたちのことをいう。

歩くにつれ羊蹄山（一八九八メートル）がいちだんと雄大にはっきりと見えだした。夕暮れ前の一六時五〇分全員無事に長万部町役場にゴール。長かった一〇八キロの完歩を皆でたたえあった。
＊８７日目　延べ１８０１キロ　北緯４２度３０分　東経１４０度２３分

礼文華海岸を歩く

一九九九年四月二四日（土）晴　北海道・豊浦町内　六キロ
この日は洞爺湖からバスで豊浦町に行き、伊能忠敬にかかわる二つの場所を歩く行事に参加した。
その一・礼文華《れぶんげ》海岸ウオーク。長万部北東部から豊浦町にかけ海に絶壁と奇岩がそそり立つ礼文華海岸。昔から通行の難所と言われ、忠敬は一八〇〇年の六月一〇日から三日間、苦労の末海上から陸地を測量。わが国で初めての水準測量を行ったとされている、この場所をウオークした。現地で見ると急峻な海岸線の様子がよくわかる。現在、動脈のＪＲ、国道三七号、二三〇号、高速道のすべてが地形急峻なためトンネルで通じている。
その二・この日の午後、町では道内有数の急峻地測量に先鞭をつけた忠敬の偉業を顕彰し、海を見下ろす山上の展望公園で「伊能忠敬測量二〇〇年記念」モニュメントの除幕式が行われ私たちも参加した。不自由な時代、しばし二〇〇年前の偉業に思いを馳せた。

＊90日目　延べ1826キロ　北緯42度34分　東経140度35分

一九九九年四月二九日（金）晴　北海道・札幌市真駒内公園から札幌市役所へ　一〇キロ

札幌市南区真駒内公園では、道内から集まった約四〇〇人のウオーカーが待機して私たちを待っていてくれた。ここから豊平川沿いに一〇キロ歩き、一二時、第Ｉステージのゴール札幌市役所に全員無事に到着した。市役所では桂信雄市長が「ようこそ札幌へ。あと三日ほどで花見の季節。皆さんの先導で桜前線も後ろについて札幌までやってきた……」と歓迎の挨拶。

夜はゆっくり休み、明日は久しぶりの休養日。明後日からは二日間札幌市内を歩く北海道大会がつづく。ようやく市内も春めき桜の蕾がふくらみだした。

＊95日目　延べ1940キロ　北緯43度03分　東経141度21分

北大にあった伊能図

一九九九年四月三〇日（土）晴　休養日

きょうは休養日だが、北海道大学の北方資料室を訪ねた。伊能忠敬研究会の渡辺一郎代表らに同行し、同室に保管されている二枚の「伊能図」の鑑定に立ち会った。伊能図は、江戸時代に各地の大名が忠敬にたのんで写させてもらっていたといわれ、いまでも古書店などからその断片が見つかる。だが、誰がいつ写本したものか特定するのは困難とされている。北大が保管しているのは、蝦夷を描いた一組みの二枚。海岸線を針穴で刺して下の紙に写しとる手法など共通点は見られたが、港を示す表示が異なっていたことから二枚の地図は別々のものと判明した。このあと北大の構内を少し散歩、クラーク博士の胸像の横では桜が咲きかけていた。

桜咲く北海道大会

一九九九年五月二日（日）晴　北海道大会（Ⅲ）札幌市内　二〇キロ

昨日ときょうのツーデーマーチで約一五〇〇人のウオーカーが参加、仙台でくるはずだった妻の節子（六〇）も遅まきながら大阪から駆けつけ、第Ⅰステージのラストに間に合った。きょうは日曜とあって札幌に住む節子の兄（渡辺寿）とも久しぶりで再会、一緒に中島公園をスタートして爽やかな風に吹かれながら豊平川を歩き、市内と郊外、ようやく訪れた札幌の春を満喫した。

丸山公園では桜がようやく咲きだした。市内のあちこちで、よく見るとコブシやスイセンも咲いている。もうすぐ北国の春がいっせいにやってくるのだ。

一月二九日、江戸東京博物館を出立して以来、九八日、延べ一九八〇キロを踏破した。

厳寒期の北上ということで当初は心配もしたが、道中天候に恵まれたことは何よりも幸いだった。

しかし北国はやはり冬がいい。雪が舞う中尊寺、北上川のオオハクチョウや岩手町の雪の峠越え。冬の厳しさ、美しさを堪能し、多くのものを発見した。なかでも体のコンディションづくりは夏場より冬の方がよいようで、寒流で育った寒ブリではないが、厳しい寒さのなかを歩いたお陰で鍛えられて体も締まり、これからの長丁場に大きな自信がついた。

自治体やサポーターの方々から各地で、沿道で、温かい励ましと声援をいただいた。

本部隊員の仲間やスタッフの人たちともすっかり仲良しになれた。道中お世話になったステージ隊で関谷宏、小川登生さんの二人は残るが、菅谷夫妻、木村高子、田淵元直、池田英治、桑原繁、島田五郎、石川俊一、平野誠一、松井昭彦さんらとは仲良くなったと思ったらもう別れねばならぬ。これまでの道中歩きを共にした約二万八〇〇〇名の人たち。人と自然、ふれあいと出会い、そして別れと再会の輪がこれからさらに長く、大きく、広がっていくのだろう。

「歩く楽しみ。いい汗かく喜び」が少しわかり始めた。

みなさんありがとう。

このあと大阪に一度戻って休息をとり青森に集結、五月一四日から第Ⅱステージ(青森〜長野)が始まる。

＊９８日目　延べ１９８０キロ　北緯４３度０２分　東経１４１度２１分

＜第２章＞

第Ⅱステージ　青森―長野

１９９９年5月14日～8月2日　81日間１５７４キロ

リンゴの花が満開の弘前市で（朝日新聞社提供、撮影：金井三喜雄）

いざ第Ⅱステージ

一九九九年五月二日、第Ⅰステージ札幌にゴールのあと、一二日間の休養をとったが、札幌の義兄のところで一日、レンタカーで道南の中山峠を越えて羊蹄山とニセコで二日間。あとの一週間は大阪に戻り知人と会ったり夏の準備をしたりであっという間に休みが終わってしまった。一三日朝、大阪から空のジェット便で一時間半あまりで青森に着く。

青森空港にさしかかる手前で上空から下を見ると高い山の頂上には、まだ少し雪が残っていたが、この半月のあいだにすっかり冬景色はなくなった。高度を下げて着陸間近になると、森や林のところどころに薄いイエローグリーンの灯がともるように若葉をつけだした木々が目に入る。春がもう近いのだ。

空港に着いてバスで青森駅に行き、ＪＲに乗り換え宿舎の浅虫温泉に一四時に着いた。ひと休みしていると元気な顔が、やあやあ、ようようと集まった。

しかし三カ月前はお互い苦労したのだ。第Ⅰステージはまず、毎日のウオークと移動と宿の共同生活に心身を慣らす、私も含めて全員がそのことに一番苦心したのではなかったか？　その証拠にスタートしてすぐの千葉県で、ほとんどの隊員が一度カゼにやられた。

私の場合、足の裏のマメで悩まされたり、宿の移動や食事に水、睡眠や便秘など、団体生活にリズムを合わせるのに、一カ月半近くかかったように思う。後半になって宮城県・仙台あたりから、自分のサイクルで日常が回りだし、ようやく慣れてきた。

人間とは順応性があるものだ。「毎日毎日行軍をつづけ、食べ物がなくなると草でも虫でもドロ水でも飲んで飢えを凌いだ」と軍隊に行った人の話を聞いたことがあるが、いまになってそのことが少しわかる。

お陰で出発前七五キロあった体重が、いま六九キロに減り、ウエストも六センチ減った。心身ともに厳寒の第Ⅰステージで約三カ月、鍛えられたことがよかったのだと思う。第Ⅱステージは、人や自然とのふれあいにもっと目を向け、多くのものを受信したい。

一六時より本部隊員およびスタッフ全員二〇名が集まりミーティングを行った。大内隊長より「第Ⅰステージは厳寒の北上だったが、第Ⅱステージは初夏から梅雨、ウオークに最も厳しい夏を迎える。体調には充分留意し、ウオークを前進させよう」で、締めくくった。

一八時からの第Ⅱステージ隊員との「顔合わせ会」会食の席で「畑中さん、やってきました」と思いがけない人に出会った。三月二二日雪の水沢で一緒に歩いた、あの小野寺さんではないか。横におられるのは奥さんの静子さんと紹介をうける。長野まで一緒に歩くと言われる。

「仕事はどうしました？」

「そろそろ潮時……と思っていたので、水沢で歩いたあの日ふんぎりがつきました」

以来仕事の引継や整理に四月までかかり、明日から二人で歩く……と言われる。五カ月前の昨年末から今年の初めにかけ私も同じ思いだったので、小野寺さんの言われることが痛いほどわかる。それにしてもこの出会いの妙をどういえばよいのだろう。

本部隊員の一日

一九九九年五月一四日（金）晴　青森県・青森市から浪岡町へ　二〇キロ

《二〇〇〇キロ踏破》

第Ⅱステージ、青森〜長野・八一日間一五七四キロの旅が始まった。

歩くことにも少しずつ慣れ、気候もよく、何かにチャレンジする第Ⅱステージにしたいと思うが、ほかのメンバーとて同じだと思う。

ここで私たち本部隊のメンバーや毎日の状況などを少し紹介したい。二年にわたり全国を踏破する本部隊員は大内隊長を含め一六名である。うち全国から公募参加の本部隊員は女性三名を含む一五名で、これがコア隊員となる。平均年齢は六〇・二歳。三二歳から七五歳、そのプロフィールはさまざまだ。オーナーにサラリーマン、公務員や主婦にＯＬ、現役組からリタイア組まで全国各地から選ばれた一四名に、隣の韓国から金哲秀さんが加わった。

そして宿泊、資材の運送、救護車などの支援隊員三名、副隊長が地域を交代で一名加わり合わせて計二〇名の編成となる。

本部隊メンバー

隊長	大内惣之亟	（六六）	千葉県
隊員	井上　宏	（六六）	岡山県
	岡田昭弘	（六九）	兵庫県
	金　哲秀	（五二）	韓国
	嶋　文子	（五五）	東京都
	清水政志	（六二）	茨城県
	瀧川佳男	（五六）	群馬県
	中西一夫	（五一）	神奈川県
	中山　翠		東京都
	西川阿羅漢《あらお》	（六八）	愛知県
	野村　亨	（六七）	静岡県
	野依六郎	（六一）	神奈川県
	畑中一一	（六二）	大阪府

スタッフ

藤田　弘　（六六）　福岡県

松本絹枝　（三二）　福島県

八木元一　（七五）　東京都

宿泊担当・隊長補佐　荻野邦彦（福岡県）

運輸担当　大庭　功（東京都）／新沢義博（埼玉県）

副隊長

川嶋富門（三重県）／小林昌仁（東京都）／鈴木　勲（埼玉県）／柳生昌良（東京都）

また、主催者側とコース先導の地元歩け歩け協会のスタッフが五～六名、長野まで歩くステージ隊一〇名を加えると、四〇名あまりが毎日歩行する最少人員となる。

そのほかに、エリア隊、デーリー隊と呼ばれるそれぞれの参加ウオーカーを加えると、ウイークデーでは一〇〇から二〇〇人、土、日曜や県大会では三〇〇から五〇〇人、時には六〇〇人を超す隊列歩行となる日もある。

私たちは歩くだけではなく、幾つかの日課をもっている。ごく平均的な二五キロを歩く一日の日課を紹介しよう。

●五時　起床、洗面、トイレ、靴の手入れなどを済ます
●六時一〇分　手荷物をまとめトラックに積みこむ
●六時三〇分　朝食
●七時一五分　宿舎を出発（バスまたは徒歩）
●七時三〇分　出発会場着（トラックから荷物を下ろし、担当隊員によるＧＰＳ測定、受付の机や旗、幕など会場の設営やグッズづくり）
●八時　テーマソングの「Ｉ　ｋｎｏｗ　ｍａｐ」（イノウ・マップ）を流し参加者の受付開始
●八時三〇分　出発式（首長の激励挨拶、隊長の答礼、当日のコース説明、体操など）
●八時四五分　檄のかけ声で大勢の見送りをうけ出発
●一〇時　トイレ休憩（公民館など）約一五分
●一二時　昼食（最寄りの神社境内や学校など）
●一二時四五分　出発
●一四時　トイレ休憩（学校や集会所、駅など）約一五分
●一五時三〇分　ゴール・到着式（隊長挨拶、首長の歓迎挨拶と「伊能小図」への署名、本部隊から記念品の贈呈、担当隊員によるＧＰＳ測定など）

●一六時　役場または市役所で翌日のコースミーティング、担当隊員が参加
●一六時三〇分　バスまたは徒歩で宿舎に着き、まず洗濯、風呂、日誌（担当隊員）
葉書書きや個人でワークのある人はパソコンに向かうなど
●一八時　夕食（アルコールは自前）
●二一時　旅の資料やメモの整理、便りや各自団欒、個人でワークのある人はパソコンなどをやり、遅くとも二一時には就寝

大体右のとおりである。相部屋が原則なので、もし五時以前に目を覚ましても起きないというような暗黙のルールがこの頃では定着した。

六時過ぎ私物や荷物を随行トラックまで運び、六時三〇分から朝食、七時三〇分には宿舎を出て出発会場へ。会場へ着いたら今度はトラックから道具を下ろし、出発式の設営。八時よりＧＰＳ（全地球測位システム）グループが緯度、経度の計測を行い、受付も開始。女性歌手ＡＫＩＲＡさんが歌うテーマソング「Ｉ　ｋｎｏｗ　ｍａｐ」が流れるなか、笑顔で行う参加者の受付も、この頃ではすっかり板についてきた。

八時三〇分、首長らの激励をうけ出発式、一日のウオークの始まりだ。一日の歩行は平均二二～二五

キロ。歩行中は大内隊長と隊長旗を先頭に本部隊員一六名が先頭、中間、アンカーの三班に分かれ、参加者の誘導を行うなど歩行の安全に努めながら、昼食をとり夕刻までの予定時刻にゴールの市町村役場に到着。道中で、多くの人々との出会いや、ふれあいがあり、話のはずむ楽しいひとときは、このウオークならではのものだ。

ゴールすると到着式、首長の歓迎挨拶と「伊能小図」への署名式。これが終わるや、ＧＰＳ担当グループが到着地点を計測、そして翌日の歩行ミーティングなどがある。これらを終えて宿舎に着く頃には結構疲れるのだが、食事の前に風呂と洗濯はどうしても欠かせない日課だ。

一八時からの夕食のあとは、翌日の地図やメモの整理をしたり、地酒をたしなんだりそれぞれだが、二一時には就寝。以上が概ね一日のパターンだ。

そのほかに、毎月曜夕食前の幹事会と月一回の全体会議がある。

さて北国の春は短い。北海道では時期尚早だったが、ここ青森では春を競うように花がいっせいに咲き出した。市内から見る岩木山（一六二五メートル）や八甲田山には残雪がまぶしく輝き、リンゴの花が、いま満開。八重桜、桃にライラック、道端には菜の花にタンポポも咲いている。千葉県の九十九里で満開の菜の花を見たのは三カ月前の二月だったのに。第Ｉステージ以来すっかり親しくさせていただくようになった、地元の赤牛喜代治さん、おはるさん、およねさんも歩きにきてくれた。

関西からは本部隊に兵庫県の岡田昭弘さん、今ステージ隊には寝屋川市の清水栄一さんが参加され賑やかになった。きょうで延べ歩行距離が二〇〇〇キロに達した。
＊９９日目　延べ２００３キロ　北緯４０度４２分　東経１４０度３５分

リンゴの花と津軽三味線

一九九九年五月一六日（日）晴　青森県大会（Ⅲ）弘前市内　二〇キロ

津軽藩の城下町、津軽三味線のふるさと、太宰治の生まれた町、弘前。この日は弘前城公園から東の郊外へ。雪を頂いた岩木山をバックにリンゴの花咲く果樹園を歩く往復の二〇キロ。白い花もあればうっすらとピンクの花もあり、咲き乱れる花のなかの小道を長いあいだ通った。田の畦道には菜の花も満開、地元のウオーカー約三五〇人らと話をはずませ、午後は汗ばむ陽気になった。

この夜、青森の赤牛喜代治さんに案内され、津軽三味線のライブハウス「山唄」で地元の人たちと聴いた「じょんがら節」と「よされ節」は心と腹に沁みた。腹にずんと響くバチの音に艶やかで伸びのある声。聞けばこの弘前の町にこんな店が何軒かあり、腕を磨いてプロをめざすのだという。こころ温まる人情と地酒に酔いしれ、再会を約し名残を惜しんだ。
＊１０１日　延べ２０４３キロ　北緯４０度３６分　東経１４０度２８分

一九九九年五月一八日（火）晴　青森県・碇ヶ関村から秋田県・大館市へ　二七キロ

弘前から羽州街道を二五キロ南下すると、津軽藩関所のあった碇ヶ関村、関所跡を通った。ここから県境にまたがる歴史の道「矢立峠」を越えればもう秋田県だ。

この日、山深い峠の登り口で思いがけないよもやの人たちが私たちを見送りに来てくれた。第Ⅰステージにつづき今回も大変お世話になった青森の赤牛喜代治さん、おはるさん、およねさんの三人が立っているではないか。駆け寄って握手をし、礼を言うと「来年の東京には迎えに行く……」。

隊に戻り小さな橋を渡り振り返ると、もう目を真っ赤にしてこちらに手をふっている。この人情の温かさ、濃やかさはどうだろう。胸を熱くしながら、お世話になった隊員と私らは峠へと向かった。

＊１０３日目　延べ２０９５キロ　北緯４０度１７分　東経１４０度３５分

恋文の町とクリーンウオーク作戦

一九九九年五月二二日（土）晴　秋田県大会（Ｉ）二ツ井町きみまち恋文ウオーク　二〇キロ

大館から西へ約四〇キロの二ツ井町は美しい町だ。秋田杉の産地でもある。この町を流れる米代川と七座山をスッポリと見渡せる高台の名は粋な「きみまち阪」。

　大宮のうちにありても暑き日を　いかなる山か君は越ゆらむ

かつて明治天皇がこの地を行幸された時、昭憲皇太后から右の歌（恋文）が届けられ、以来いつしかこの高台が「きみまち阪」と呼ばれるようになった。そんな縁からこの町ではユニークな恋文コンテストがつづけられ、メジャーな町になりつつあるのだという。この日は「きみまち阪」と米代川河畔を通る、その名も二ツ井ロマンチック街道を三五〇人が染まるような緑の風に吹かれて、いい汗を流した一日だった。

爽やかな話題をもう一つ。地元の有力企業「伊徳」社が、創業一〇〇周年にちなみ、大館から能代までの五日間、延べ九〇キロを伊能ウオークと一緒に歩くクリーンウオーク協賛キャンペーンをやってくださった。

隊員をはじめ参加のウオーカーは毎朝出発時、大きなビニール袋とゴミ拾いのはさみを持ち沿道の空きカンやゴミを拾い、ゴールでおみやげの大入り袋と交換。町がクリーンになりポイ捨てマナーの向上に、伊能ウオークも、お役に立てたのではないか。

そんななかで金哲秀隊員と嶋文子隊員の空きカン拾いは真剣そのもの。出発の時に持って出る大きなビニール袋が空きカンでいっぱいになり、途中で何回も新しいのと取り替えるほどだった。その金隊員だが、韓国で「伊能ウオーク」本部隊員募集を締め切り寸前に知り、現職をなげうって参加した人だ。日本の隅々まで歩いて一周するこのプロジェクトのスケールの大きさ、懐の深さに参加する決心をしたという。「千里の道も一歩から」とゼッケンに書き、笑みを絶やさず言葉や習慣の違いを乗り越え、前向きに毎日をトライする姿勢は素晴らしい。

道路を車で走ったのではまったくわからないが、歩いてみると気になることが幾つかある。

一つは、集落から離れた郊外で歩道が少ないこと。歩道のない道路の端を車をよけて歩くのは何としても危険なことだ。雨の日など水しぶきをまともにうけて歩くのは、濡れることもさることながら、もし車がスリップしてこちら側にきたら……と思うとぞっとする。

いまは私たちみたいに二年もかけて日本を縦断するようなウオークは少ないかもしれぬが、これからはそうではないと思う。まだ五カ月弱だが、ウオーキングの楽しさを肌で味わった人が増えて、広まりこそすれ減ることはあり得ないと感じるからだ。

道とは元来、歩くためにあった。

二つ目は、道端に捨てられた空きカンとゴミの多いことだ。これも郊外の交差点近くの雑草などが繁茂したところに多い。誰が捨てるのかは言わずとしれたこと。歩くことは環境の浄化にも貢献しているのだ。

＊１０７日目　延べ２１５７キロ　北緯４０度１２分　東経１４０度１４分

伊能忠敬に扮した加藤剛名誉隊長（秋田市で）

菅江真澄のこと

一九九九年五月二九日（土）晴　休養日

羽州街道のところどころに、「菅江真澄」が立ち寄ったという道標が目に入る。気になって土地の人に聞けば、この地方の偉人なのだと。きょうは久方ぶりの休養日、昨日、県内を一緒に先導していただいている、県ウオーキング協会の星野和夫事務局長から博物館に菅江真澄の資料コーナーがあると聞き、小泉潟公園のなかに建つレンガ造りのシックな県立博物館一階にある「菅江真澄資料センター」に行き時を過ごした。

詳しくは省くが、菅江真澄（一七五四〜一八二九）は、人生の大半を旅と記録に費やした江戸時代後期の優れた紀行家で、その足どりは生地の三河から遠く蝦夷にもおよんだ。若い頃のことはよくわからないが、のちに書くさまざまな文章から類推すると、西は京都から北は蝦夷まで広くさまざまなところを歩き旅している。伊吹山や富士山にも登り、吉野の大峰山では修験道を学んだといわれる。

伊能忠敬は「一人で二人分の人生を生きた」が、菅江真澄は「一人で三人分の人生を生きた」とも言える。一七五四年、生まれた三河（豊橋市）を中心に三〇歳までの第一ステージは江戸以西を歩き、名前も本名の白井英二を名のった。第二ステージは一七八五年三一歳で白井秀雄と名のり、東北、蝦夷各地を歩きまわった。そして第三ステージは一八〇一年四七歳の時、弘前から秋田領に入り七五歳で没するまでの後半の生涯の二八年間だ。秋田を拠点に菅江真澄を名のり、秋田藩主佐竹義和はじめ藩士、神官、僧侶、町民、農民などと交流しながら歴史や人々の暮らしに視点を据えたおびただしい数の紀行文や、活き活きとしたスケッチを残している。

三つの名前をもち、なぜ秋田にすみついたのか？

詳しくはわからないが、別の言い方をすれば、西のニッポンと東や北のニッポンをくまなく歩いてみたあとで当時の秋田の自然や風俗、人の気質、美味しい米がとれ、北前船が行き来し、上方や蝦夷、各地のものにふれることのできた文化などが気に入り終の住処に選んだのかもしれない。

もっともっとメジャーになってもいい人物とその仕事だと思う。ここにも秋田の「伊能忠敬」がいる。

これは私の推測だが、伊能忠敬は第三次測量で一八〇二年七月から九月にかけ秋田藩内を歩いている。そのとき忠敬五七歳、真澄は四八歳、秋田のどこかで出会っているような気がしてならないのだが、どうだろう。

一九九九年五月三〇日（日）晴　秋田県大会（Ⅱ）秋田市内　二〇キロ

昨夕、加藤剛名誉隊長も駆けつけ市内キャッスルホテルで伊能ウオーク歓迎のレセプションがあった。大ホールは押すな押すなのギッシリの人、人。七夕祭にはまだ一カ月あまり早いが、伝統芸能・竿灯や郷土民謡に会場は遅くまで沸きに沸いた。

明けてきょうは県大会。快晴。午前九時、伊能忠敬に扮した加藤剛名誉隊長を先頭に六〇〇人のウオーカーが千秋公園を出発、高清水公園など郊外を歩き、午後には号外が出るほどの盛況となった。

またこの大会では、第Ⅰステージで一緒に歩いた金井仁司さん、藤森實さん、寺山幸子さんほか五名のリピーターの皆さんとも久しぶりの再会ができ、大いに盛り上がった。「伊能ウオークにハマッテしまい……」と言い、遠路はるばる参加の人たちには頭のさがる思いだ。

＊１１５日目　延べ２２９０キロ　北緯３９度４３分　東経１４０度０７分

流人・馬場為八郎のこと

一九九九年五月三一日（月）晴　秋田県・秋田市役所から岩城町役場へ　二二キロ

秋田市から国道七号を南へ二二キロ、一つ町を隔てた岩城町は、伊能忠敬に因縁浅からぬ町だ。その昔シーボルト事件（一八二八年、シーボルトらによる伊能図の国外持ち出しが発覚し、関係者処罰、シーボルトは国外に追放）に連座した馬場為八郎なる武士が江戸より流罪となって送られてきたところである。しかしこの町の先祖は、彼の優れた高い見識と度量にいたく心服、終生罪人としては扱わず、厚遇をもって処し教えを乞うたと、この町の前川盛太郎町長から聞いた。何といい話だろう。

伊能図の評価が、国内よりもむしろ海外で高かった事実の裏で、ここ秋田・岩城の町にも忠敬の足跡が時空を超え、いまに生きている。

またこの二年間、毎日「到着式」で市町村の首長から署名をいただいている美しい精巧な「伊能小図」は複写だが、この原図は早くから日本にない。一八六一年イギリスの測量船アクテオン号が日本近海の測量開始を幕府にせまった交渉の際、伊能図を見せられた英国側は伊能図の精巧さに驚き、「この地図を英国に渡すなら測量はしない……」と望まれ、英国に渡ってしまった歴史的な地図なのだ。以降、英国海軍博物館所蔵となっていることも付け加えておこう。

鳥海山の五合目にて（右から寺山幸子さん、筆者、御園生洋子さん）

＊116日目　延べ2312キロ　北緯39度32分　東経140度03分

鳥海山の夕日と「ゼッケン」と

一九九九年六月一日（火）晴　秋田県・岩城町役場から本荘市役所へ　二〇キロ

岩城町から一〇キロほど南下すると、南に雪をしっかり頂いた独立峰、鳥海山（二二三六メートル）がゆるやかに尾根を広げ美しい姿を現す。秋田から一緒に歩いている地元本荘市の歩く仲間、佐々木一博さん自慢の山だ。岩手の岩手山もそうだったが、車や列車でなく歩いているので、ゆっくりと違った角度から何度も見れることは大きな喜びだ。

「この時期の鳥海山が見たくて……」と茨城で一緒に歩いた寺山幸子さんも秋田から象潟まで参加

している。彼女のように歩きたいコースにスケジュールを合わせ、伊能ウオークを楽しみ、私たちへの励ましも込め参加する通称リピーター「追っかけ隊」も次第に増えてきた。

「歩きは動く座禅です」のゼッケンを背に、ウオークにかける彼女の真摯な姿勢には脱帽する。古希を迎えたという華奢な体のどこからパワーがと思うが、五〇キロくらいは軽く歩いてしまう。日本ウオーキング協会のスーパーマスターウオーカーなのだ。

本荘市役所着の少し手前で、彼女から「夕日が見れるかも……よかったら友達の車で鳥海山の五合目まで一緒に行かない……」と伝言がとどいた。願ってもないこととチームメイトの西川隊員らと行くことにした。市役所に着くや急いで車に乗せてもらい約一時間半、象潟《きさかた》へまわり坂道を一気に上り午後四時過ぎに、標高一一〇〇メートルの五合目に着いた。

花咲くお花畑にはまだ少し早いが、雪渓あり、雪解けの大滝もあり、気温も冷たく目の前に凛とそびえる鳥海の峰を仰ぐ。やがて西の空と海がゆっくりと茜色に染まり、夕日が海の上に沈みだす。まじろぎもせず、そこに立ちつくして暗くなるまで眺めた。

＊１１７日目　延べ２３３２キロ　北緯３９度２２分　東経１４０度０３分

田に浮かぶ象潟の九十九島

一九九九年六月三日（木）晴　秋田県大会（Ⅲ）象潟町内　一五キロ

『奥の細道』紀行、最北端の地。「象潟や雨に西施がねぶの花」と芭蕉が詠み、象潟は恨むが如し……と雨降りやまぬこのまちにたたずんだ当時は、東の松島のように小島が浮かぶ海だった。

一八〇二年忠敬がこの地を訪れ測量した地図も、このあたり一面海となっている。ところが二年後の一八〇四年、大地震により海底が隆起、一夜にして海が陸地となった。まだ、つい一九五年前のことだ。

往時の島がいま史跡九十九島となって、冬の雪原、初夏の青田、秋の黄金の稲原に浮かぶのだという。

この日私たちは、田植えの終わった緑の海を歩き、島めぐりをした。田のなかに流れる川、足許から二メートルほど低い川底に白いものがびっしり横たわっているのに気がつく。よく見るとそれは貝の死骸。一九五年前の象潟の水底だったのだ。

＊１１９日目　延べ２３６３キロ　北緯３９度１３分　東経１３９度５４分

芭蕉が下った最上川

一九九九年六月九日（水）曇　山形県・新庄市役所から尾花沢市役所へ　二五キロ

新庄市内から南西に約六キロの地点、最上川本会海《もとあいかい》にある史跡「芭蕉乗船の地」に寄った。一六八九（元禄二）年六月三日、芭蕉は立石寺からここ新庄を訪れている。ここでしばらく逗留したのち、船旅で清川に下り出羽三山から酒田、そして象潟へと北上したが、私たちは逆に南へと向かう。

当時このあたりは、一〇〇艘あまりも米を運ぶ大きな船が停泊する天然の良津として賑わったという。折からの雨で水かさを増し川幅いっぱいに流れる最上川。新緑の谷間を縫って左に大きく曲がる淵の上に「五月雨をあつめて早し最上川」の、芭蕉翁と曾良の像があった。

＊１２５日目　延べ２５１３キロ　北緯３８度３５分　東経１４０度２４分

二、三日前から、雨で足を濡らしたのが原因なのか、左足の裏から甲の部分とすねの部分に赤い斑点ができて、歩くと痛み出した。少し足を引きずって歩いてみたが痛みは増すばかりで、腫れあがった。こんなことは初めてだ。これ以上我慢ができず、医者に行き診てもらったら「ウイルスの感染によるヘルペス」と言われた。

「疲れもあればストレスが溜まってもでる。よく効く薬もあるが副作用もあるので一週間か一〇日ほど薬を出すから家で静養が一番」とのことだった。何が疲れなのか、何がストレスなのかよくわからず、宿にいてもいいのだが、歩けないとほかの隊員に迷惑をかけるので、即刻大阪に帰ることにした。帰ったら早速妻・節子から「それそれ、無理のできる体じゃないんだから」と言われる始末。結局大阪の自宅で薬を塗り一週間静養したら痛みも斑点もとれたので隊に戻った。

もう一つ私は持病を抱えている。四年前の阪神・淡路大震災で大阪から神戸に転任し、家にも帰らず事務所で仮眠し復旧に飛び回った二カ月が終わる頃、体重が急に減って糖尿病にかかったことがある。主治医に言われて調べたら、酒が好きだった私の祖父も糖尿病で亡くなっていることがわかった。悪いところを受け継いだものだが、主治医の松井先生と相談、妻と二人三脚で食事と運動をコントロールし半年かけ正常値に体を戻した。

今回のウオークにあたり「大丈夫とは思うが、無理をしてはだめですよ」と言われて出発したのだが、妻はそのことを言うのだ。

しかし考えようによっては、体に弱いところがあると、注意をすれば病気が体の状況を知らせてもくれる。病弱であった私が大きくなってから、丈夫ではないが、さしたる大病も患わずここまでこれたことは、幼少の頃を常に体のどこかで意識してきたことと、妻の支えに負うところも大きいと思う。

伊能忠敬も泊まった南陽の宿

一九九九年六月一五日（火）曇　山形県・上山市役所から南陽市役所へ　一六キロ

山形市から南へ三〇キロ、南陽市郊外の赤湯温泉「赤湯」は江戸時代より上杉藩の湯治場として賑わってきた名湯だが、この日泊まった「大文字屋」には一九七年前の一八〇二年に伊能忠敬が泊まっていることがわかった。

宿主は代々丸森次郎左右衛門を名乗ってきたが、百年ほど前の一四代目を最後に、現在は女将の丸森恒子さんが経営している。忠敬が第三次羽越測量で当地を北上した一八〇二年七月の記述に「六日（中略）赤湯、九ツ半に着、丸森次郎左右衛門の宿に泊まる」とあり、改めて縁のとりもつ不思議さを感じてしまう。

「このご縁を大切にしたい」と女将の心づくしの郷土料理やもてなしに、私たちも感激し、伊能ウオークのシンボル「御用旗」を贈呈した。「いい記念になります」と女将にも大変喜んでいただき、一泊ではあったが、一期一会の縁をつくづくと感じた一日だった。

＊１３１日目　延べ２６１２キロ　北緯３８度０３分　東経１４０度０９分

北の玄関・白河の関

一九九九年六月二六日（土）曇　休養日

朝からどんよりとした曇だったが休養日。午後から白河市役所の方の案内で史跡「白河の関跡」と伝統の郷土芸能「檜枝岐歌舞伎」を見学した。

古代以来東北地方への関門として名高いこの関所は五世紀頃、蝦夷の南下を防ぐ砦として設けられたというが、一五〇〇年もの歴史を刻む時の川をみちのくへと、どれほど多くの人々が、ここ白河の関を越えていったことか……。

辺境の歌枕の地として、平兼盛、能因法師、西行らが数多くの歌を残している。

〈心もとなき日数重なるままに、白河の関にかかりて旅心定まりぬ……〉と、先人の足跡を訪ねてきた芭蕉『奥の細道』の北紀行は、ここが始まりの地となっている。

本物とはあまり手を入れたりしなくとも、そのままの姿で存在感を示す。昼なお薄暗い杉木立の生い茂る森のなか、古色蒼然とあるがままの白河の関跡。しばし昔日、幽玄の思いで、残る関所跡や歌碑を見て歩いた。

白河から黒磯へ

一九九九年六月二八日（月）曇　福島県・白河市役所から栃木県・黒磯市役所へ　三八キロ

白河市をあとに旧陸羽街道をゆるやかに下る。七キロほど南下すると栃木県黒磯市に。ここからきょうのゴール市役所まで、まだ三〇キロあまりある。右手西側に那須山脈が見えだした。

ここに来てようやく関東に入るが、長く歩き味わい深かった東北の東と西の三カ月を思い出す。

これからの関東はどうだろうか？　自然や人に出会い、歩きながらとりとめもなく考えたり、想像したりすることは、歩く楽しみの一つでもある。

「歩くということは心の旅……」ということか。そんなことを思いながら退屈せずに、夕刻四時五〇分黒磯市役所に無事着いた。

＊１４４日目　延べ２７９３キロ　北緯３６度５７分　東経１４０度０２分

一九九九年七月八日（木）晴　群馬県・館林市役所から太田市役所へ　二三キロ

六月の末から先週にかけよく降ったが、今週から晴れ間も出るようになった。朝から田園地帯を歩き午後三時にゴールした太田市は、われらが「ひげ」のトレードマーク瀧川佳男本部隊員（五六）のふるさとだ。到着式では清水聖義市長から、ねぎらいと激励のエールが贈られた。

＊１５４日目　延べ２９８０キロ　北緯３６度１７分　東経１３９度２２分

金井仁司さんのこと

一九九九年七月九日（金）曇　群馬県・太田市役所から伊勢崎市民体育館へ　二三キロ

《三〇〇〇キロ踏破》

この日、延べ歩行距離が三〇〇〇キロに達した。

第Ⅱステージも中盤から後半に、季節も梅雨から盛夏へと移り、歩くステージも関東から甲信へと向かう。今年の梅雨は各地で豪雨をもたらし、西日本では大きな災害も出た。六月末から七月の前半にかけ栃木、群馬県を歩いた私たちは、毎日雨具を持ち蒸し暑さに耐えながら試練の日々だった。

朝五時、テレビの天気予報と空模様を見ながら、上から下まで怠りなく雨対策をする。靴下のうえにビニールの袋を履いて靴を履くとか、いろいろと生活の知恵も試してみるが、スコールのような雨が降るときは、もうお手上げだ。

こんな日が三日もつづくと足の底がふやけて、水膨れができて大変だ。しかし慣れとは強いもの。そんなことを半月近くも繰り返していると、マメのなかに厚い皮ができ、豪雨にあってもじたばたせずに、シャワーを浴びるぐらいの余裕も少しは出てくる。

しかし不順な天候がつづくと体調を崩す人も出てくる。足腰や肩がこったり、病んだりした人を見つけては、休息場所で「気」を送って治す埼玉県の金井仁司さん（七二）。

第Ⅰステージから日程の半分以上、もう七〇日近くデーリー隊に参加して爽やかに「気圧療法」の奉仕を黙々とつづけておられる。

「修行と思ってやらせてもらえるのはありがたいこと。多くの人に健康になってもらい歩く楽しさを知ってほしい」とおっしゃるが、誰にでもできることではない。

すごいことなのだ。もう何人もお世話になって歩けるようになった。私も時々お世話になっては、ボランティアの話を楽しく感心しながら聞かせていただいている。

＊155日目　延べ3003キロ　北緯36度20分　東経139度11分

一番の楽しみは？

一九九九年七月一三日（火）雨　群馬県・吉井町から埼玉県・寄居町へ　三〇キロ

きょうも午後からは大粒の雨が激しく降り、一時道路が川のようになった区間もあった。

高橋清子さん（東京都大田区）は、もともと山登りが大好きな人。最初にご一緒したのは二月の初め、千葉県だった。彼女はウオークのルートを調べて、長い距離の区間や人里離れたコースを選び、夜行や鈍行を乗り継いで出発の会場に大きなリュックを背負ってひょっこり現れなさる。皆が拍手で迎えるこの瞬間をご想像願いたい。

家を出るときは四～五日分、酢をしっかり利かした「おにぎり」を常備、宿は迷惑にならなければ農家の小屋か軒先でシュラフを被って眠ることもしばしばだ。一番の楽しみは？　と訊いたら、冬山で安全な場所を探して雪を掘り一夜を過ごし、輝く月や星にでも会えればもうこの世の極楽だと目を輝かせて話してくれた。天衣無縫でピュアな人だ。

この人と話していると、梅雨のもやもやもけし飛んでしまう。
＊１５９日目　延べ３０９５キロ　北緯３６度０６分　東経１３９度１１分

思い出の東松山

一九九九年七月一四日（水）雨のち晴　埼玉県・寄居町役場から東松山市役所へ　二六キロ

きょうも蒸し暑い。四季や天候は自然の営み。好き嫌いは言えないが、寒いのと暑いのとどちらが困るか、と問われれば、即座に暑い方が困ると申し上げる。寒いのは体を動かせば温まる。しかし暑いのはクーラーをもって歩くわけにもいかず、体の疲労も多い。

そこへ加えて雨となれば、梅雨から夏はウオーカーにとって一番厳しい季節といえる。この時期私はザックのなかに着替えのＴシャツ、靴下、タオルの予備を入れている。

寄居町を出発頃から雨具を着たり脱いだりで国道二五四号を南下し、一五時三〇分東松山市役所にゴールした。この町はわが国ウオーキングのメッカである。毎年一一月に開催の「東松山スリーデーマーチ」はもう二一回を重ね、三日間で一〇万を超す参加者で賑わう、インターナショナルな大会にすっかり定着している。

私たち本部隊も昨秋一一月の「日本スリーデーマーチ」に集合し、ここで歩いて最終選考会が行われた想い出の場所だ。三〇、二〇、二〇キロの計七〇キロを三日間歩いたあとは、宿舎でフリートーキングをやったのが昨日のようだ。途中に寄ったウオーキング記念館の石碑には、「楽しみながら歩けば風の色が見えてくる」と刻まれてあった。

到着式のあと、坂本祐之輔市長から「暑かったでしょう……」と参加者全員に名物の串焼きとビールが振る舞われ、ノドをうるおした。

＊１６０日目　延べ３１２１キロ　北緯３６度０２分　東経１３９度２４分

一九九九年七月二〇日（火）晴のち雨　埼玉県・所沢市役所から東京都・八王子市役所へ　二九キロ

この日は埼玉県から東京都の多摩湖を通るため所沢市役所と多摩湖畔の二カ所で朝の受付を行った。東京には二〇〇一年元日まで伊能ウオークは戻って来ないこともあってか、二〇八〇人もの参加があり、これまでのレコードを更新した。

これだけの人が隊列をなして歩くとなると、もう壮観そのもの、真ん中付近にいても前と後ろがまったく見えない。前、中、後ろとレシーバーや携帯電話で絶えず連絡をとりあってもなかなか追いつかない、嬉しい悲鳴の異常事態なのだ。かくして大勢の人のあいだに入って黙々と歩く以外に、きょうはなす術がなく終わってしまった。こういう事態でも楽しく歩ける方法をこれからのために考えないといけない。

＊１６６日目　延べ３２５５キロ　北緯３５度３９分　東経１３９度１９分

前進か撤退か、豪雨の上野原町

一九九九年七月二二日（木）豪雨　山梨県・上野原町役場から大月市ＪＲ笹子駅へ　三四キロ

七月は日程の都合上、休養日がなく八月二日のゴールまで連日歩く。その上このところ毎日二五〜三五キロの長距離歩行がつづき、この雨と蒸し暑さに私も含め、隊員の疲労もそろそろピークにきている。冬の寒さなら歩けば暖かくなるが、夏はそうはいかない。体調には充分留意しこの夏場をクリアしないと、二年間のウオークはおぼつかない。

ところがこの日の午後、一五キロから二〇キロ地点にかけ、大月市内で降った豪雨と雷は凄かった。バケツをひっくり返したとでもいうような表現そのもの、大粒の雨が道路を叩きつける。

一時、道路は川のように水が流れて側溝の溝蓋からは水が逆に噴き上げ、しばらく全員その場で立ち往生となった。二〇分ほど待ったが一向に雨はやむ気配なく、体はビショ濡れを通り越して、靴のなかも足が水のなかで泳いでいるみたいだ。

もうこれ以上の前進は危険と隊長が判断。横へ曲がり最寄りの大月市役所へ寄って、そこで一般参加者は解散となった。ただし残りの一四キロは日程の都合もありどうしても行かねばならず、隊長以下本部隊員有志七名で雨の様子を見ながら遅くなっても歩いてゴールしようと、しばらく待つことにした。三〇分ほど小やみになるのを待って再び歩き出した私たちは、ピッチを上げ時速六キロくらいのスピードでゴールまでひたすら歩く。そのうち雨もあがったが、携帯ラジオを聞いた誰かが「西（中国地方）の方で被害が出てるらしい」という。

暗くなって明かりのついた笹子駅にようやく着いた時は一八時二〇分をまわっていた。やれやれのゴールだ。この日だけは濡れと空腹でさすがに疲れ果てた。

＊１６８日目　延べ３３２１キロ　北緯３５度３５分　東経１３８度４９分

標高一〇八〇メートル・笹子峠越えと「スモモ」と平山村長

一九九九年七月二三日（金）晴　山梨県・大月市ＪＲ笹子駅から大和村役場へ　一五キロ

前日の豪雨で梅雨が明けたのか、きょうは抜けるような快晴となった。昨日の疲れもとれた。この日は標高一〇八〇メートルの笹子峠を越え、甲府盆地の大和村へ。国道二〇号（甲州街道）はトンネル区間が長く危険なので旧道の峠越えとなる。昼食をとりここからは下り坂。一気におりて一四時三〇分、大菩薩峠への登り口、大和村役場に着いた。役場では、特産のルビー色に輝く冷たくて大きな甘酸っぱい「スモモ」をご馳走になった。

「スモモ」をいただいたあとの到着式で、ちょっとした異変が起こった。この村の平山安夫村長の歓迎の挨拶が一通り終わりかけたときだ。やおらマイクを持ち直し「皆さんの日焼けした強靭な姿にはただただ感動、大変うらやましくも思う。(片足を見せ)ご覧のとおり私は二歳から小児マヒで足を悪くした。しかしこの足で昭和三三年大菩薩峠にも登った。不幸と不自由という言葉がある。これまで長いあいだ生きてきて、不自由は感じているが不幸と思ったことはない。どうか皆さん長い道程だ。体に気をつけ、最後まで私の分も歩きぬいてほしい」と目を真っ赤にしてスピーチをされた。あふれる真情に役所前の広場は割れるような拍手で沸いた。

思わず熱いものがこみ上げる。森林浴に峠の涼風、おいしい「スモモ」、そしてこのスピーチ。私のウオークにとって忘れることのできない一日となるに違いない。

＊169日目　延べ3336キロ　北緯35度38分　東経138度46分

それぞれの夏休みウオーク

一九九九年七月三一日(土)晴　長野県・松本市、松本城から生坂村役場へ　二六キロ

炎暑の甲府盆地を西へと向かう。塩尻峠を越え昨日松本市、松本城に着いた。ここからは国道一九号を北上すると、松本市郊外で前方左手に北アルプスが姿を現す。常念岳(二八五七メートル)の右に槍

夏休みウオークをされた鈴木全一佐原市長（松本市）

の尖った頂上がかすかに見え、大天井、燕、有明と並ぶ。ここまで来ると日差しは強いが、空気が乾燥しているのか爽やかだ。

ゴールの長野まであとわずか。夏休みを利用し全国からたくさんの人々が集まってくる。懐かしい顔や体験ウオーカーも集まり、キャラクターも多彩だ。ここ終盤にきて俄然盛り上がってきた。

忠敬のふるさと、佐原市の鈴木全一市長も夏休みをとり、一市民となってこの二日間、お嬢さんと信濃路を歩かれた。「伊能ウオークと一緒に歩きたいという念願がやっと夏休みになって信州でかなえられた。自然と人がふれあうことに、改めて生きる素晴らしさを体感できた」と、ピュアなスピーチを残してきょう帰られる。

「この感動を島の子らに伝えたい」と北海道の礼文島から夏休みを利用して、はるばるやってきた小学校の先生・安村晴代さんは「私自身と子供たちに、いいおみやげができた」と、初めは暑さに少し参ったようだったが、一週間の体験ウオークがきょうで元気に終わる。

富士吉田市立吉田小六年の早川大基君（一一）は、七月二二日山梨県・上野原町からゴールの長野まで一人で参加している。伊能ウオークにどうしても参加したい大基君の願いを、お母さんと伊能事務局が打ち合わせ、本部隊員と一緒に寝泊まりすることで許しが出たのだ。

歴史が大好きで、郷土史研究会に通い古文書も解読し、昨年は東京から富士山頂までの「富士道行脚《あんぎゃ》」を踏破、江戸時代の富士講の様子を絵巻物にした。隊員と同じように毎日シャツや下着も自分で洗い、その日の模様を筆ペンで候文をしたためる。

でも歩いているときは冗談をとばしたり、出されたスイカをペロリと平らげたり素顔は無邪気な小学生だ。「第Ⅱステージが終わっても夏休みがまだあるので、第Ⅲステージも参加したい」という大基君だが、ここまでよく頑張った。

＊177日目　延べ3505キロ　北緯36度25分　東経137度55分

標高七五〇メートルの宿

一九九九年八月二日（月）晴　長野県・信州新町役場から長野市役所へ　二四キロ

昨夜は、標高七五〇メートル、信州新町の山の中にあるケヤキ造りの民宿・藤原館に泊まった。夕食を終え、日が沈み夜になると視界いっぱいに降ってくるような満天の星、そして天の川。夜空につらなる山稜と輝く星が、暑かった一日を癒してくれた。

今朝は早くさえずる小鳥の声で目を覚ました。きょうは第Ⅱステージのラストウオーク。

きょうも暑くなりそうだ。八時四五分、信州新町の役場を出発、セミがなく国道一九号を犀川沿いに、渓谷とダムを左手に見ながら長野へと向かうゆるやかな下りの二四キロ。山あいの谷が次第に広がりやがて善光寺平が見え、足どりも軽く一五時二五分長野市役所にゴールした。

八一日間、一五七四キロ、東京出立以来、延べ一七九日、三五五四キロを元気に踏破することができた。道中、小さな子供たちからお年寄り、多くのサポーターの皆さんに支えられ、心づくしの冷たい麦茶やモモ、スイカをいただいた休息タイムはこのウオークのオアシスだった。

ステージ隊の皆さんとも親しくなれた。関谷宏、小川登生、小野寺夫妻、鈴木喜代子さんの五名はまだまだ歩くよと言われたが、すごいと思う。山村鉄夫、石毛清、江平清、斎藤輝男、清水栄一さんとはまたどこかで会おう。

夏休みのあと、八月二二日長野市から始まる第Ⅲステージは、信越からふるさと北陸、関西と歩き、一二月一〇日地元大阪にゴールの予定だ。

＊１７９日目　延べ３５５４キロ　北緯３６度３８分　東経１３８度１１分

<第3章>

第Ⅲステージ　長野―大阪

１９９９年8月22日〜12月10日　１１１日間２０３０キロ

測量教室で六分儀を使って観測する筆者（新潟市）

一九九九年八月二日、長野にゴール後、初めての夏休みで隊員それぞれ久方ぶりに故郷へ戻った。JR大阪駅のホームに降りたときの暑さはまた格別だった。第Ⅱステージのゴールがこの暑い大阪だったら、さぞ大変だったろうな、と思う。旧盆をはさんで久しぶりのわが家、わが町での半月だったが、友人と会ったり家族が一堂に会するなど、あっという間に時間が過ぎてしまった。

北浜のイグザミナ本社にも顔をだした。北尾取締役副主幹から「黒くなってスマートになったのでは」と言われたが、事実この半年のあいだに体重が六キロほど、ウエストも六センチ減り、いまベストウエイトに近い。

東山魁夷記念館

一九九九年八月二二日（日）晴　長野県大会（Ⅰ）長野市内　一〇キロ
第Ⅲステージの初日。この日は善光寺の隣の城山公園で九時から盛大に出発式。
テーマソングを歌った歌手・ＡＫＩＲＡさんも約二〇〇人の参加者らと一緒に歩く。また協賛のシチズン時計から特製のデジタル「伊能ウオークタイマー」もお目見得した。現在時刻、歩行距離に、緯度・経度、二〇〇一年元日ゴールまでの日数、カウントダウンをリアルタイムで表示するスグレモノだ。九時三〇分、善光寺に参詣ののち、展望道路から善光寺平を一望する一〇キロコースを歩き、一二時三〇分出発地にゴールした。

ゴールのあと昼食もそこそこに済ませ、公園の一角にある「東山魁夷記念館」に立ち寄った。四年前私たち夫婦と娘夫婦で白馬に登ったときの帰りのことだ。ここに寄りたくて何とか閉館までにと急いで来たのだが、あいにくとその日は休館日だったという苦い経験がある。

今年の五月、九一歳で亡くなられた東山魁夷画伯についてはいまさら説明の要はあるまい。ここには画伯愛蔵の作品、数百点が所蔵されている。横浜に生まれ神戸に育った画伯の記念館がどうしてこの長野にと、かねがね思っていた疑問がきょうは解けた。

まだ画伯が一〇代の後半、文なし美校生時代の夏休みに「スケッチの勉強のかたわら友と信州旅行をしたときの懐奥深い自然と、土地の人から受けた忘れられない親切が、のちに私を風景画に向かわせ、そして晩年近く手元にある私の作品すべてを私の原点長野県に寄贈したい」ということになったのだ。

そして一九九二年に素晴らしい美術館がこの森のなかにオープンした。

この夏は「森への誘い」と題して八〇点あまりが展示されていた。霧の奥深く樹木の緑が静かに息づく……大作「山霊」や、習作の数々を閉館近くまで観ることができた。

＊１８０日目　延べ３５６４キロ　北緯３６度３９分　東経１３８度１１分

野尻湖畔を歩く

一九九九年八月二六日（木）雨　長野県・信濃町役場から妙高高原町役場へ　一五キロ

長野より北国街道を上越に向かい北上しているが、途中から国道一九号や旧道を通り、飯綱、黒姫、野尻湖をはさんで斑尾、妙高の信越高原のふもとを歩く。毎日標高七〇〇メートル前後のゆるやかなアップダウンがつづき、山並みに囲まれ、朝方のひんやりした空気を吸い、畑の横を歩く。行く先々で見る、トウモロコシ、白い花をつけたソバ、実り始めたリンゴの風景はこの地方ならではのもの。風が吹けばひときわ涼しく、もう秋の気配がただよう。

きょう昼前に野尻湖畔道を歩いた。標高六五四メートル、緑陰の道に湖上から爽やかに高原の風が吹く。澄んだ湖水は発電に利用するため水位の変化が大きく、水位の下がった湖底からナウマン象の化石や縄文時代の遺跡が数多く発見されている。

「雪とけて村いっぱいの子供かな」の碑がある小林一茶のふるさと、柏原町を通り県境の関川へ。いまは「道の歴史館」になっているが、かつてここは江戸～直江津・北国街道「関川の関」のあったところ。ここで長野から新潟へ引き継ぎ式を行った。

新潟県に入り最初の休憩地、妙高高原町公民館で昼食をとった。芝生に腰をおろすと正面に建つ像の文字が目に入る。

「中村喜久男先生は当時無医村であった当地区住民の願望に応え来町され、以来五二年の長きにわたり当町住民の医療に貢献された。交通不便な当時、重い診療鞄を背負い徒歩で往診に向かわれる姿は、今なお住民の心の底に生きつづけている……（後略）」。いまから七二年も前、県境のこの山村で徒歩診療をやっていたのだ。この手の話を聞いたり知ったりすると胸騒ぎがしてくる。横にいた夏休みウオーク体験中の早川大基君（小六）と、遠い昔、七二年前はこのあたりはどんなだったろう……と思いを馳せ、語り合う。歴史が大好きで新聞で人気者になった彼は、第Ⅲステージも夏休みが終わるまでと言ってやってきた。「この夏は最高」だという。またとない大きな収穫の夏休みとなることだろう。

＊１８４日目　延べ３６１９キロ　北緯３６度５２分　東経１３８度１２分

一九九九年八月二九日（日）晴　新潟県・直江津港からフェリーで佐渡・小木町へ

かつて流人文化と金山で栄えた天領の島、いまは朱鷺（トキ）二世の誕生で賑わう佐渡を、三〇日から四日間かけて九〇キロを歩くことになる。上越の直江津港からフェリーで三時間、佐渡の小木港に渡る。

金山とトキと夏の星座と

一九九九年九月二日（木）晴　新潟県・佐渡、相川町役場から両津市役所へ　三〇キロ

小木町から相川町までの六〇キロは厳しい残暑、昨日は午後から雷と豪雨にあったりしたが、きょうは秋の気配の爽やかな快晴。相川は金山の町。七時四五分、佐渡奉行所跡をあとに少し急な坂を一・五キロほど上ると佐渡の金山の入り口に着く。

途中に牢屋や刑場があった跡も通った。一六〇一（慶長六）年金鉱の発見以来、幕府直轄の金山として三〇〇年近く特別な政策のもと天領の島として栄えたこの町は、明治以降も三菱鉱業の鉱山となり閉山したのはごく最近の平成元年だという。延べ四〇〇年近く佐渡金山の採掘がつづけられてきたとは知らなかった。

金山をあとに山道をさらに上ると青戸峠、眼下に黄金色の稲穂が広がる田園風景が見渡せる。トキのいる新穂村だ。二〇〇一年の金山開山四〇〇年にちなみ「金の道ウオーク」佐渡〜東京四〇〇キロが昨年から始まり、私たちがきょう歩くコースを通る。

ここからは下り坂。谷間に吹く風は涼しくススキの穂がなびく。

一四時一〇分トキ保護センターに着いた。今年の五月人工孵化に成功した二世の優優君は、檻の中からついに姿を見せずじまいだったのがちょっぴり残念だった。毎日大勢の人がやって来るのできっとナ

ーバスになっているのだろう。

ここから両津市までの途中、能舞台を二カ所見た。佐渡は昔から薪能が盛んなのだという。都から遠くここに流れついた人々のあいだで育まれ、脈々といまに受け継がれてきたのだろうか。

この夜、佐渡に行ったらぜひ見たいと願っていた佐渡の星を、両津で見ることができた。目の前に海とつながる加茂湖の湖面が月の光に映え、仰ぐと離島の夜空に輝く半月と無数の星が漆黒の闇に燦々ときらめいている。夏の星座、大三角形もはっきりと見える。信州やアルプスの星とはまたひと味ちがう海の星。明朝、佐渡を離れるが、もう一度ゆっくり訪れたい島だ。

＊１９１日目　延べ３７４８キロ　北緯３８度０４分　東経１３８度２６分

測量教室をひらく

一九九九年九月四日（土）晴　新潟県大会（Ⅰ）新潟市内　一〇キロ

古くは北前船の寄港地、信濃川が流れつく環日本海の最大都市、人口四七万人の新潟市で新潟県大会。この日は信濃川やすらぎ堤から市内を歩く一〇キロコースに参加した。

参加された平山征夫知事と一緒に歩こうと、県民や全国から駆けつけたウオーカー五二〇人が、信濃の川風に吹かれ心地よい汗を流した。

ウオーク終了後の午後と夜、伊能忠敬の測量を再現する「歩測」と「天測」の「測量教室」を開催した。

夜の部では海岸公園で、忠敬が天測で使用した「象限儀」よりはるかに小さいが原理は同じ「六分儀」を使って、二〇〇年前の天体測量を再現した。併せてスライドで忠敬が見た二〇〇年前の星座と星をながめながら、実際に望遠鏡と現在のハイテク測量器で北極星を観測。これには子供たちや一般参加者も大喜びだった。この日の夜は、天の星がはっきりときれいに見え、二〇〇年前の天測に思いを馳せた素晴らしい夜となった。この日のために指導と協力をいただいた国土地理院、海上保安庁、市の皆さんにお礼を申し上げたい。

＊１９３日目　延べ３７５８キロ　北緯３７度５４分　東経１３９度０２分

サイクリングロードは爽やか

一九九九年九月一三日（月）晴　新潟県・上越市役所から能生町役場へ　三二キロ

この日は日本海沿いに国道八号の横を通るサイクリングロードを歩いた。潮風に吹かれ海岸線を眺めて楽しみながら歩いた。稲刈りもぼつぼつ始まりだした。このサイクリングロード、実はＪＲの廃線を活用している。複線電化に伴い山側に新線ができたため、ただいま観光と健康づくりの担い手として二度目の仕事をしているのだ。昔の単線だから海に沿いカーブやトンネルが多いが、レンガで積まれた坑門などに、一つひとつ積み上げた職人たちの温もりが伝わってくるようだ。

この日は嬉しい出来事が二つもあった。

その一。能生町に入ったところで「祈　完歩　清水政志殿」の横断幕を掲げるご婦人が二人現れた。清水隊員はこの日アンカー役で最後列を歩いている。茨城県出身なのに、といぶかりながら後列に連絡をとりご対面となったが、当の本人も最初は何事なのか事情がさっぱりわからずだった。しばらくして清水さんの勤めていた会社の先輩のお姉さんが、この地におられることがわかり大喜び。清水さんは元化学会社のエンジニア、その実直な人柄は、本人の知らないところで隠れファンが大勢おられるのだ。

その二。能生町役場で到着式のあと、嶋文子隊員が土地の老夫妻から花束のプレゼントをうけた。休みに時々母の文子さんを激励に遠くまでやってくる娘さんが東京で小学校の先生をしているとは聞いていたが、彼女の勤める学校の後藤校長先生がこの老夫妻の息子さんとは……。能生と茨城、能生と東京、広いようで狭いのだ、この世は。何げない日々の暮らしのなかで、誠意や善意の糸はどこかでつながり、思いもかけぬところで芽を吹き出すのか、そんな思いの一日だった。

＊２０２日目　延べ３９４８キロ　北緯３７度０５分　東経１３７度５９分

豪雨の親不知を歩く

一九九九年九月一五日（水）豪雨　新潟県・青海町役場から富山県・朝日町役場へ　二五キロ

台風の影響か、朝から強い雨と風。この日は新潟〜富山の県境で通行の難所、「親不知」を歩く。青海町役場を出たときから横なぐりの雨が吹き付ける。「大雨警戒警報」の標識が国道八号の標識板に出ている。この状態がつづくと午後からは道路閉鎖、のニュースも流れ出した。一刻も早く富山県に渡ろうと雨と風をついて西へ向かう。

北アルプスの白馬、朝日岳が日本海側に張り出し断崖となって海につながる天下の険は、道路が整備されているとはいえ、いまでも現地に立つと身のすくむ思いだ。

親不知というのは、ここに道がなかった昔、人々は潮が引いたあいだに必死の思いで岩場をつたって越えねば渡りきれず、そのときは親も子もない……との意味だそうだ。

海からそそり立つ断崖の山腹を縫うようにして曲がる洞門や橋梁を見て、工事の難しさはいかばかりだったかと思う。洞門を出ると頭上からではなく、足許の下から風と雨が吹き上げてくる。四〇メートルほど落差があるだろうか、絶壁のはるか真下で大きな波が砕ける。この難所を車ではなく歩いて通るというのも伊能ウオークならではだが、昼頃にかけ風雨がますます強くなってきた。歩くピッチをさらに上げ、私たちがようやく最後の洞門を通り抜けた一三時過ぎ、大雨警報により親不知区間が通行止めとなった。
＊２０４日目　延べ３９９５キロ　北緯３６度５６分　東経１３７度３４分
一九九九年九月一六日（木）晴　富山県・朝日町役場から黒部市役所へ　二三キロ
昨日の豪雨がおさまって空は回復に向かう。九時頃には陽も照りだした。田園地帯を歩く。昨日の雨と風で稲が倒れてペタリと地面についているところがあちこちにある。
《四〇〇〇キロ踏破》
このあたり平地で何カ所も清水が湧く。朝日岳や立山連峰からの伏流水、「日本の名水・一〇〇選」に選ばれた名水なのだ。都会であれば自販機で買うところだが、ここでは無尽蔵、ウオーカーはボトルにいっぱい水を詰めゴールに向かった。
この日、延べ歩行距離が四〇〇〇キロに達した。
＊２０５日目　延べ４０１７キロ　北緯３６度５２分　東経１３７度２７分

稲刈りのなかを

一九九九年九月一八日（土）晴　富山県・滑川市役所から富山市役所へ　二〇キロ

豪雨もあがり快晴がつづきだした。この時とばかりあちこちで稲刈りが始まった。滑川から富山に向かう道の両側も稲刈りのまっただ中だ。平地ではいまはすっかり区画整理された大きな田のなかで、機械が刈り取りから脱穀まで全部やってくれる。

しかし一方で山間部に行くと、山の斜面にへばりつくようにして棚田の米づくりを大切に守っている人々もいる。

秋田の八郎潟でも感じたのだが、米づくり一つとっても、区画整理は集約化、機械化、効率化などさまざまのメリットを生み出したことはよく理解できる。

ずぶの素人、門外漢の私が言うのもおこがましいが、コストや効率から見れば圧倒的に前者だろう。しかし米づくりにかかわる伝承や歴史、それらをつつむ文化といった視点で見た場合、ひょっとすると価値は逆転するのではないか？

米づくりに限らず都会の生活でも同じようなことがいえる。

コストや効率重視が必要なことは百も承知だが、その対極にアンチ効率の軸ももたないと、バランスのとれたものを見る目は育たず、前進は望めないのではないか？

これまで約八カ月歩いて、街道や町並みなどの保存の難しさを幾つか見てきたが、地域でこつこつと地道に守りつづけられているものも見てきた。まだよくわからないのだが、時代により、測るものさしにより、見方も価値も大きく変わる。

ローマ帝国は一五世紀に滅亡したが、残された遺産に人々はいまもなお、癒しを求めてローマへと向かう。世界遺産にしてもそうだ。仮にいまこの現代に創られたもので、のちの世に、人々の心を揺さぶるものとして、どんなものが残るのだろうか。そう考えると心が寒くなる。

伊能ウオーク・ニッポン再発見の旅のキー・ワードは、このあたりに潜んでいるのかもしれない。

＊２０７日目　延べ４０５６キロ　北緯３６度４１分　東経１３７度１３分

七尾市の律儀な歓迎

一九九九年九月二一日（火）雨　富山県・氷見市役所から石川県・七尾市役所へ　三五キロ

きょうは雨のなか国道一六〇号を歩き県境を越える。富山湾の西側、北に延びる国道一六〇号は、能登・立山シーサイドラインとも呼ばれるが、富山湾越しに眺める立山連峰のビューポイントとして名高いところだ。あいにく雨とガスが出てまったく見えなかったが、冬の雪を頂いた立山はさぞ素晴らしいだろうと思う。降りしきる雨と風をついて県境を越え、峠を越え夕刻一六時四〇分ずぶ濡れになって七尾市役所に着いた。

この日は石川県入りとあって一八時から市内の会館・フォーラム七尾で、石垣宏七尾市長はじめ市の関係者や石川県・土地家屋調査士会、測量設計業協会ほかの方々が私たちを歓迎してくださった。レセプションの席で開口一番、郷土史家の田川捷一副委員長からのスピーチには恐縮してしまった。

「二〇〇年前、伊能翁が測量隊としてこの地にこられたとき、翁に私どもの先達は大変ご無礼を申し上げた。きょうは、平成の伊能忠敬のご一行にまずそのことをお詫びいたし、明日から県下をごゆるりとくまなく歩いていただきたい」というものだった。

伊能忠敬は一八〇三年六月から八月にかけ、第四次測量で加賀藩を訪れている。詳しくは省くが、忠敬は測地個所の正確な位置を測ることは当然のこととして、村々の境目ごとの距離や家数ほかも測ろうとしたが、藩の内情が知れるような調査項目や、藩内に多少の測量の心得ある者の応援などは慇懃無礼に藩から断られている。

幕命とはいえ、自領のなかを測られることはかってなかったこと、持たざる者ならともかく加賀大藩の事情も理解できる。新潟県では、こうした藩の無理解というか非協力に忠敬が幕府に直訴する「糸魚川事件」がおきているが、それにしても律儀なこと。本日の催しは昔のわだかまりを一掃・払拭して「明日から楽しく歩きましょう」ということと受け止めた。

＊２１０日目　延べ４１４２キロ　北緯３７度０２分　東経１３６度５８分

千里ヶ浜の砂は極上の砂

一九九九年九月二三日（木）晴　石川県・羽咋市役所から宇ノ気町役場へ　二五キロ
台風二〇号が九州をゆっくり北上している。北陸地方はまだ影響圏の外で、こちらは久しぶりの快晴となった。きょうは千里ヶ浜を歩く。

このところ連日の雨で湿った体を、潮の香りと秋の日差しで乾かしながら、青い海と白い波、きらきら光る千里ヶ浜の渚を歩く。およそ一〇キロ近くもあるだろうか、延々とつづくここの砂浜は、砂の粒度と湿度のバランスが程好いのか、上質の絨毯の上を歩いているように、足にしっくりとなじんで優しいのだ。特に波打ち際の砂が湿ったところはかすかにバネのような弾力すら足の裏に感じる。

この日の宿がまた変わっていたが、楽しいものだった。

宇ノ気町の公民館の大広間に泊まったのである。災害があったときなどに避難している様子をテレビで見ることがあるが、概ねあの光景を想像してもらえばよい。

夜の食事が楽しかった。地元の婦人会の皆さんにつくっていただいたのだが、なんと昼に獲れた地引き網の魚を料理してもらったのだ。ちゃんとした宿に泊まり食事をするのも悪くはない。しかし獲りたての魚を地元の人たちが目の前で料理し、それを食べ、語り、大部屋に泊まる。こういう楽しみは伊能ウオークならではのことだろう。

＊212日目　延べ4194キロ　北緯36度43分　東経136度42分

心に沁みたスピーチ

一九九九年九月二九日（水）晴　石川県・小松市役所から加賀市役所へ　二三キロ

ようやく台風一過の秋晴れとなった。胸に吸い込む空気もすがすがしい。

朝の出発式の小松市・矢原珠美子教育長のスピーチには感銘をうけた。

「私たちはいま、野辺に咲く花、四季の風にも心を動かすことを怠り、日常の利便さのなかに溺れそしてあえいでいる。しかし伊能ウオークは自ら汗し、自分の目と足で、いまを検証し再発見する旅。ようこそこの地に。かけがえのない足跡を二一世紀にぜひ残していただくよう……心から敬意と賞賛のエールを贈ります」。この旅に取り組む私たちの「あるべき姿」を示唆された思いがして心に沁みた。

この日は海沿いに整備された安宅の関、勧進帳の道を歩いたが、ここ一週間ほどウオーク隊に合流し、金沢を一緒に歩いた西川隊員夫人・敦子さんが郷里に帰られた。西川阿羅漢隊員は私と同じグループで日課を共にする仲間であり、第Ⅲステージではわれらの幹事さんでもある。六九歳、元海上保安官、毎朝四時半に起き欠かさず健康法の真向法と自彊術を三〇分行う。実直、マジメが衣を着て歩いている…

…がピッタリの人だ。二年前、四国八十八カ所遍路一二〇〇キロを歩くことわずか三一日で成就、その時の紀行も詳しくまとめられた（『歩く四国遍路千二百キロ』、現代書館）。

小さな体で、ストレート外角低めの直球をビシビシ投げてくるような人だが、何かと親しくさせていただいている。伊能ウオークを勧めたのも敦子夫人と聞いたが、日本ウオーキング協会の会員でもある夫人は歩きたいところを選び、すでに幾度かこのウオークに参加し、「伊能ウオークにハマリそう。この頃は時々スローボールも投げてくれます」と笑みを浮かべおっしゃる。

＊２１８日目　延べ４２９４キロ　北緯３６度１７分　東経１３６度１９分

一九九九年九月三〇日（木）晴　石川県・加賀市役所から福井県・三国町役場へ　三四キロ

この日は石川県から私のふるさと福井県に入る。金沢に生まれた詩人・室生犀星の「ふるさとは遠くにありて思うもの……」がふっと頭をよぎる。今冬一月から八カ月、北の札幌まで行きUターン、延べ四三〇〇キロ近く歩きようやく通るふるさとだ。加賀市役所から大聖寺川沿いに七キロほど歩くともう福井県。一〇時一〇分蓮如上人の里、吉崎御坊に着いた。ここで引き継ぎ式を行う。

休息のあと、北潟湖から東尋坊を通り過ぎるまで約二三キロの自然遊歩道を歩いた。湖と丘陵が荒磯の海岸につながる起伏と変化に富んだ素晴らしいコースだ。一五時三〇分、三国町役場に着いた。この日の宿舎は芦原温泉である。温泉につかりゆっくりとくつろいだ。

＊２１９日目　延べ４３２８キロ　北緯３６度１２分　東経１３６度０９分

瀬川先生の出迎えをうける

一九九九年一〇月一日（金）晴　福井県・三国町役場から福井市役所へ　二八キロ

三国町から稲刈りの終わった福井平野を一路南へ向かう。

区画整理が行き届いて広々とした田園風景が見渡すかぎりつづく。この風景を見て、もう四〇年あまりも前のことだが、実習やアルバイトで区画整理の測量をやった高校時代を思い、懐かしんだ。いまはＧＰＳの時代だが、当時はトランシットとレベル、それに平板測量だった。この旅を終えたら、私が測量したふるさと武生の周辺の町や村、曲がりくねった田畑や畦、小川をこの目で一度たずねてみたいと思う。もうずいぶん変わったろうと思うが、それも楽しみではないか。

田園のなかに忽然と現れた洋式庭園をふんだんに取り入れたハートピア春江で昼食をとり、一五時三〇分、福井市中央公園に到着した。ここで思いがけず懐かしい中学時代の恩師・瀬川文子先生と級友の長谷川英一君、それに私の姉の三人の出迎えをうけ、歓迎の花束をいただいた。長谷川君とはもう何十年ぶりだろう。

数学の担任だった瀬川先生には、数学が苦手で出来の悪い私を根気よく教えてもらった。

到着式のあと、クラス会が開かれ遠くからも友が集まってくれた。私はそこで中学のときの特訓がなかったら、いま私はこのウオークに参加できてないと思うと話した。しばらくは名前と顔が一致しなか

三木勅男武生市長ご夫妻と越前海岸を歩く
（朝日新聞社提供、撮影：金井三喜雄）

ったが、久方ぶりに旧交をあたためた。
＊２２０日目　延べ４３５６キロ　北緯３６度０３分　東経１３６度１３分

一九九九年一〇月二日（土）晴　福井県大会福井市内　一二キロ

福井市の史跡を巡る一二キロ。西川一誠副知事も参加。午後には三〇度を超す暑さとなったが、ふるさと武生市・総務部の西藤浩一参事に野村明嗣主幹、昨日の瀬川先生をはじめ姉、弟のファミリーや友も加わり、久しぶりに福井の町を歩いた。継体天皇、新田義貞、橋本左内などのゆかりの地を、ボランティアの郷土史家から説明をうけ、これまで漫然としか知らなかった郷土の歴史にふれるよい機会だった。

また朝日新聞社の中江利忠相談役（元社長）もこの日主催者代表として参加されたが、「畑中さん、私の母も武生の白崎町出身なのですよ……」と初めて伺い、ご本人がまとめられたご母堂追悼のずっしりと重い本をいただいた。伺えばご先祖はその昔武生～敦賀間の道路開通にあたり、武生のある区間を私財を投じて完成させたという。冬休みにゆっくり拝読させていただくことにしたい。

＊２２１日目　延べ４３６８キロ　北緯３６度０３分　東経１３６度１３分

三木武生市長と歩く

一九九九年一〇月六日（水）晴　福井県・越前町役場から河野村役場へ　一八キロ

このところ秋晴れ好天つづきの北陸路を南下しているが、四日に歩いた越廼村から敦賀まで約六〇キロの越前海岸は、急峻な山肌と岩礁に碧い海、沖には敦賀半島が見え眺望も素晴らしい。厳しい冬のスイセンとカニのシーズンならまたひとしおだと思うが、県下のコースを先導してくださる福井県ウオーキング協会の高島一美会長はじめ幹部の皆さんが、車を避け旧道や山道を選定、地元の私でもなるほど……と思うコースが随所にある。また夜も一緒に泊まるものだから、コースの品定めをしたりで話も尽きない。

この日も海は凪いで快晴。海水浴で賑わう「くりや海岸」あたりの海はまだまだきれいだ。海面下の岩や青い海草の揺れ動くのが透き通って見える。

昼食時、休息の糠《ぬか》海岸に武生市の三木勅男市長ご夫妻がわざわざお越しいただきすっかり恐縮してしまった。午後はゴールの河野村役場まで約七キロ、話もはずみ、ご一緒した。本当にありがたいことだ。今回はふるさと武生は歩かないので、河野村は最寄りの通過地点だ。公務多忙の折、時間をさいて二〇キロも東の武生から駆けつけてきてくださったのだ。ご厚志にはお礼の言葉もない。また高校時代の先輩や後輩にも会えた。なかでも新聞を見てやってきたという高校卒業以来四四年ぶり、二年下の北野寿子さんとも再会できたのは感激だった。はじめは誰だかさっぱりわからなかったが、そのうちインターハイ出場をめざし毎日放課後汗を流した頃の卓球部の後輩、あのオカッパ頭の少女を想い出し、懐かしかった。

＊２２５日目　延べ４４３９キロ　北緯３５度４９分　東経１３６度０４分

一九九九年一〇月七日（木）雨のち曇　福井県・河野村役場から敦賀市役所へ　三二キロ

二週間ほどつづいた秋晴れも一段落。夜半に強い風雨があった。起きてみれば小雨がまだ残っていた。河野村の清水金二村長は、八一歳とはとても思えぬお元気な方だ。歴史に詳しく河野村の生い立ちや、忠敬が一八〇三年六月六～七日この地に泊まり測量をした時の模様を、昨日と今朝のセレモニーでユーモアたっぷりに話され、見送りウオークまでしてくださった。また埼玉にいる私の中学時代の友・山田明子さんが清水村長の従姉妹だということで、歩きながら私の携帯電話で河野〜埼玉ホットラインをつなぎ、話がはずんだ。忠敬が泊まったという旧家・中村家の長女・佳子さんは高校の同窓でもある。そんなこともあり当時を記録してある貴重な「村史」をいただいた。

海岸沿いに杉津まで一二キロ歩き、そこから山腹まで坂を上り、ＪＲ廃線跡の旧道にたどり着く。昔は杉津駅から浜まで山道を上り下りして海水浴にきた道である。車社会のいま、普段ここを歩く人がいるだろうかと思いつつ、懐かしく坂道を約五キロ上り、昔の杉津駅のあったあたりに着いて敦賀湾を望んだ。交通量の多い国道を避け、雨も上がり海を見下ろしながら、ススキたなびく山道あり、トンネルありの旧道を敦賀に向かう。

北陸トンネル開通の一九六一（昭和三六）年頃までは、このあたりはＳＬが煙を吐き、息も絶え絶えに坂を上り敦賀に着くと、乗客がいっせいにホームに出て煤煙で真っ黒になった顔を洗い場で洗った風景を想い出した。もう三八年ほど前のことである。あれやこれや当時を想い出しながら旧新保駅跡を通り敦賀市内に入り気比神宮で休息、気比の松原を通り一六時に無事、敦賀市役所に着いた。

地元の皆さんの気配りと、素晴らしいコース設定のお陰で思いがけず心に残るセンチメンタル・ジャーニーができた。

三国町から敦賀まで嶺北を歩いた八日間は、伊能ウオークのお陰で私にとって忘れられないものになった。地元のせいとはいえ、ご縁の糸が私の知らないところでこれほど縦に横に、つながりあっていることに驚いている。いまを汗して足許から周りを見つめて愚直に歩きつづける……そのことが小さな風となって人々に届くのだろうか？

いずれにしてもさまざまな人々や自然のお陰で歩かせてもらっているのだ。

＊２２６日目　延べ４４７１キロ　北緯３５度３８分　東経１３６度０３分

北陸の福井県と言っても北と南では気候や風土ががらりと異なる。今庄《いまじょう》と敦賀のあいだに古くからある越前から美濃、近江に通じた木ノ芽峠・栃ノ木峠を境に、北を嶺北、南を嶺南と呼ぶが、嶺南地方の敦賀、若狭はもう関西圏だ。ご存じのように小浜から京都に通じる国道三六七号は、古くから「鯖街道」として都の台所へ若狭の鮮魚を運んだ道である。

同時にこの道は都の伝統や文化を若狭に伝えるという重要な役割も果たした。

毎年三月一二日、春を告げる奈良・二月堂のお水取りは、その一〇日前の三月二日、若狭小浜の神宮寺「送り水」の催しから始まるのである。そんなわけで小浜市周辺には、国宝・名通寺ほか国宝級の寺や仏像も多く、京や奈良の都と若狭の深いかかわりをいまに伝えている。

一九九九年一〇月一二日（火）晴　福井県・上中町役場から滋賀県・朽木《くつき》村役場へ　二一キロ

「京は遠ても十八里」とするした道標が立つ鯖街道を歩く。小浜市から上中《かみなか》町を通り、琵琶湖の西にそびえる比良山の裏側、滋賀県朽木村を通って大津市の郊外をかすめて大原、八瀬に入り京都に通ずる、七〇キロあまりの山深いこの街道を歩くのを、前から楽しみにしていた。

一昼夜かけ若狭から京まで魚を運ぶ早便もあったと土地の人から聞いた。上中の熊川と朽木には栄えた道中の宿場が保存されている。山あいを縫うように最初の宿場、熊川宿では「伝建群（伝統的建造物群保存地区）」の指定をうけ、町をあげて取り組んだ町並みの保存が往時を偲ばせる。朽木宿まで南下すると谷はいよいよ深くなり、東側には比良の山々が高い壁となって北から南につらなる。冬は雪が多いと聞いたが道路の舗装と電柱さえなければ、時代をさかのぼってタイムスリップできそうなひなびた山村の風景がつづく。こんな原風景を訪ねて歩けるのもありがたい。途中で朽木村の青年団の人たちが扮する鯖駕籠を担いだ行商人と一緒に歩いた。

この日の宿舎は朝日新聞社のキャンプ場「朝日の森朽木自然研究所」だった。夕刻まで鹿や猿もいるという広大な森を散歩して、夜はコテージに泊まりバーベキューで胃袋をしっかり満たした。

＊２３１日目　延べ４５５７キロ　北緯３５度２０分　東経１３５度５５分

大阿闍梨・酒井雄哉師の揮毫をうける

一九九九年一〇月一五日（金）晴　滋賀県・大津市堅田から大津市役所へ　一八キロ

この日は昼、坂本にある叡山学園に立ち寄り、天台宗で最も厳しい修行である比叡山の「千日回峰行」を二回も達成された現代の生仏《いきぼとけ》・大阿闍梨《だいあじゃり》の酒井雄哉師（七三）から、「伊能小図」（西日本版）の複製図に揮毫をうけた。師は地図が広げられた台の上にひらりと上がって跨がり、たっぷり墨をつけた筆を無造作に運び、すっと書かれた。「大道甚夷而民好徑（大道は、はなはだたいらかなれど、民は小径を好む）」。滋味のある文字が鮮やかで思わずうなってしまう。無造作に見えただけで、心をこめて書かれたのが、私には見えなかったのだ。

大阿闍梨・酒井雄哉師の揮毫をうける
（大津市叡山学園で）

師が言われるには「人の在るべき姿、歩む道は広くて豊か、日々の積み重ねはやがて大道に至るが、得てして民（小人）は小道を好み大事を見失う。一つの道をこつこつと歩むことで必ず自分の思いは達せられる」という意味だそうだ。奥が深い話である。

「貴重な体験を積み重ねて鋭

い人生を歩いてください」と激励をうけた。

生死をさまよう千日回峰を成就された僧は、比叡山開山八〇〇年の歴史のなかでこれまで二〇人しかおらず、四〇年に一人出るかどうかの荒行なのだという。しかしその風貌はすべすべとした肌に大きな耳たぶ、全体にふっくらとしている。修行僧というよりはそう、尼さんのような印象なのだ。それでいて台の上にはまるで軽業師のように、ひらりと上がられた。

揮毫をいただき、話を聴き、一人ひとりに握手をしていただいたことを終生忘れないだろう。
＊２３４日目　延べ４６１２キロ　北緯３５度００分　東経１３５度５１分

大吉山から平等院を見る

一九九九年一〇月一八日（月）晴　滋賀県・大津市役所から京都府・宇治市役所へ　三六キロ
大津市役所から宇治市役所まで三六キロ。この日は私の古巣の会社の大御所で、京都にお住まいの星野晴彦氏（熊谷組顧問、元副会長）が激励に来られウオークに参加してくださった。現役の頃は雲の上の人でこれまで気軽にお話もできない存在だった。これも伊能効果というべきか。ありがたいことだ。
また後藤博史（三五）、彩子（三五）、希望（七）、大智（四）の長女ファミリーと、友達の西田一修、上嶋均さん、そして妻の節子が、昨日の県大会につづき今日も参加してくれたので、賑やかなファミリーウオークデーとなった。

七時四五分大津市役所を出発、琵琶湖畔湖岸道路を歩き石山寺に寄り宇治川に沿って京都府県境に。ここから幾つか峠を越え、上り下りの山道を歩く。一四時三〇分、山腹にある喜撰山のダム湖に着きここを下って宇治市に入った。志津川から最後の上り、東海道自然道を歩き平等院と宇治川を眼下に見下ろす大吉山展望台に着いたのは一六時を少しまわっていた。一六時四五分、宇治市役所に無事ゴールした。

大先輩も堂々の完歩、久方ぶりに話も聞かせていただき、家内たちもどうにか頑張って、たっぷり歩いた楽しい一日となった。
＊２３７日目　延べ４６５８キロ　北緯３４度５２分　東経１３５度４８分

法隆寺と飛鳥を楽しむ

一九九九年一〇月二一日（木）晴　休養日
久しぶりの休養日。われら本部隊員は関東勢がやや多いものだから、いにしえの奈良を探訪しようと前もって予定を組んでいたので、この日は平城京から法隆寺、橿原神宮から飛鳥へと奈良郊外を関西の私が案内をすることになった。秋の一日有志たちと、法隆寺の百済観音、飛鳥の高松塚や石舞台などをゆっくりと観てまわり、古代の息吹にふれた休日となった。

一九九九年一〇月二三日（土）晴　芦原温泉（福井県）へ戻る

本日からと、一一月一日の二回、私は地元福井県下で「伊能ウオーク」に関するスピーチや講演を行うことになり、歩行先とふるさとを往復することになった。

本日と明日は、日頃から手伝いをさせてもらっている大阪福井県人会の秋季総会と郷土訪問の日である。

総会会場の芦原温泉には栗田幸雄知事ほか各市町村長などの来賓も来られるので、一〇月に県内を歩いたお礼と報告も兼ねたスピーチをさせていただいたのである。通過した市町村の首長の方々も大勢おられたので改めてお礼を申し上げ、これまで歩いた「伊能ウオーク」について少しお話をした栗田知事にはこの一月、新年の互礼会《ごれいかい》で来阪の折、伊能ウオークのことを申し上げたが、きょうは郷里での中間報告となった。

母校で講演を

一九九九年一一月一日（月）雨　武生高校（福井県）へ講演に

本日、本部隊は津市から松阪市（三重県）に向け歩行中だが、私は昨日隊を離れ再びふるさとに戻る。きょうは「伊能ウオークと私」と題し、一〇時三〇分から母校の武生高校で開校一〇一年の記念講演を行った。

全校生一二〇一名に教諭やＯＢなど一三〇〇余名を前に、これまで約五〇〇〇キロを歩いた体験を話した。わが国の自然や人々との出会い、二度の人生を生きた伊能忠敬、伊能ウオークがめざすものなどを、四十数枚のスライドで紹介しながら九〇分間、自分なりに一生懸命話した。特に「歩く楽しみ」を強調したつもりだ。日夜受験勉強に励む生徒たちに、こういう話がうまく伝わるだろうかと心配したが、終わりまで熱心に聴いてもらえたようで、ひとまずほっとした。なかでも、みちのくの厳しくも美しい自然や、芭蕉や忠敬の歩いたルートと今回の旅のルートが交錯するという話などに興味をもってもらえたように感じたことは収穫だった。

隊の歩行を離れるについては「講演もウオークの一環」と主催の朝日新聞社からも協力をいただき、講演に先立ち伊能ウオーク事務局から写真を借りて、一週間「伊能ウオーク写真展」を武生高校で開催したのも好評だったようだ。お陰でこの日は、平成一一年一一月一日と私の名前を加えると、一が七つも並ぶラッキーセブンのメモリアルな日となった。

一九九九年一一月五日（金）晴　三重県・鳥羽市役所から磯部町役所へ　一六キロ

一〇月二三日以降、奈良と福井を二度往復しているあいだに、伊能隊は奈良から三重県の上野、四日市、松阪まで進んだ。私は、一一月二日の伊勢市から復帰、秋晴れの伊勢路を歩いている。きょうは鳥羽市からスペイン村のある磯部町まで、海岸線から青峰山（三四〇メートル）に登り磯部町に下るコースである。青峰山の頂上付近に建つ海の守り寺「正福寺」で昼食、快晴の秋空のもと紺碧の的矢湾がここから一望できた。かつてはこの寺の灯す常夜灯が灯台の役を果たし、長いあいだ海上の守り神だったという。

＊２５５日目　延べ４９５４キロ　北緯３４度２２分　東経１３６度４８分

五〇〇〇キロを踏破

一九九九年一一月八日（月）晴　三重県・浜島町役場から南勢町役場へ　一四キロ

《五〇〇〇キロ踏破》

鳥羽から磯部、賢島、浜島、南勢町あたりにかけ、的矢、英虞、五ケ所湾とリアス式海岸が目の前に広がり、海岸美を楽しませてくれる。歩くコースも海岸線だけではなく、山を越える旧道、見晴らしのよい高台から、海岸線の入り組んだ入り江と変化に富んでおり、それぞれから見る海に浮かぶ島々の眺めは素晴らしい。またこのところ毎日の昼食時には、地元の皆さんからトレトレの海鮮類、牡蠣《かき》、エビ汁など土地の名物汁を振る舞っていただくなど、伊勢路を満喫させてもらっている。
本日で延べ歩行距離五〇〇〇キロを達成した。
＊２５８日目　延べ５０００キロ　北緯３４度２０分　東経１３６度４２分

一九九九年一一月一二日（金）雨のち曇　三重県・紀勢町役場から紀伊長島町役場へ　一一キロ
紀勢町まで来ると、これまでの伊勢・志摩のゆるやかな山並みとリアス式海岸が一転し、急峻な山並みが海岸に張り出してくる。紀勢町は読んで字のごとく紀伊と伊勢の境にあり、この町の錦湾には背後の姫越山（五〇二メートル）が海にせまるようだ。土地の人の話では同じ町でも錦峠を境にして伊勢側と紀伊側とでは風土や言葉が異なると。トンネルを通ってすぐ隣の集落や町に行けるようになってからまだ四〇～五〇年しか経っておらず、それまでの何千年、人々は用があればひたすら歩き山越えをしてきたのだ。きょうは歩く距離こそ短いが、その錦峠を越えて紀伊長島町に着いた。
伊勢から始まる熊野詣での道「熊野古道」とはこの町でまじわる。ご存じ熊野古道は、皇族らの行幸ルートで知られる上方京都から紀伊半島西回りの紀伊路（和歌山県側）と、お伊勢参りを終えた旅人たちが詣でた東回りの伊勢路（三重県側）の二ルートがある。伊能ウオークもここから西はしばらく国道とこの古道を交錯しながら進むことになるので、楽しみがまた一つ増えた。
伊能忠敬は一八〇五（文化二）年六月一六～一七日の二日間、紀伊長島の仏光寺に宿泊し、沿岸の測量を行っている。漆《うるし》屋庄兵衛の息子・音蔵は絵が上手だったので測量の一行に加わり、見取り図を描く手伝いをしたという史実が、この寺に残されているという。通行の難所だったこの地に忠敬一行は、おそらく船で来て測量をしたと思うが、その難儀さを思えば頭が下がる。
＊２６２日目　延べ５０６４キロ　北緯３４度１１分　東経１３６度１９分

一九九九年一一月一三日（土）晴　三重県・紀伊長島町役場から尾鷲市役所へ　二七キロ
初日の熊野古道は二七キロ。紀伊長島の始神峠と尾鷲の馬越峠、二つの峠越え。どちらも標高三四〇メートルほどだが、この二つの峠は対照的だ。
始神峠は敷石のない素朴な自然道だが、馬越峠はふもとから峠まで往時のままに敷石が施されている。ところどころに岩の露出があり、敷石は現地採取かと思うが、紀伊長島側の登り口から峠までうっそうとした尾鷲檜と苔むした石畳の長い坂がつづく。静謐そのものの静まりかえった山中を、時に曲がり谷を這い、尾根から峠へと向かう。峠ではどちらの峠も海が望め、茶屋の跡が残っていた。馬越峠を下ればもう尾鷲市内。この町は西川隊員と敦子夫人のふるさとである。沿道のいたるところで声援と歓迎をうけ、杉田晴良市長からもねぎらいと祝福が贈られた。
＊２６３日目　延べ５０９１キロ　北緯３４度０４分　東経１３６度１１分

熊野古道・豪雨の八鬼山越え

一九九九年一一月一五日（月）豪雨　三重県・尾鷲市役所から尾鷲市賀田公民館へ　一九キロ

熊野古道八鬼山《やきやま》越えの一九キロ。コースは、尾鷲市の南にそびえる八鬼山（六二七メートル）を一気に登り下る、西国一の難所である。道の険しさに加え、かつては狼や山賊が出没し旅人を震え上がらせたという。この日は夜半から音をたてて強い雨が降る。八時四五分市役所を出発の頃は雨で山頂は見えず、九時、ふもとに着くと歩道の敷石には小川のように雨水があふれるという状態で先行きの難渋を覚悟した。四合目あたりの切り立った岩場を過ぎ、七曲がりの急坂を登る頃から、ガスで視界も不良となった。ところどころに町石《ちょうせき》を兼ねた石仏や、旅人がここで行き倒れたのだろうか、墓碑などもたたずんでいる。

石畳にほとばしる雨水をよけ険しい急坂を登りながら、この道は熊野三山詣での道であると同時に、西国札所への巡礼の道でもあったのではないかと思ったりする。そう考えると西国一番の札所・那智の青岸渡寺が那智大社の横にあるのもうなずけるのである。

一一時、全身ビッショリ濡れてようやく山頂に着いた。ふもとから六二七メートルを二時間で登った勘定だ。晴れた日には三六〇度の視界で、年に何度かは遠く富士も見えると聞いたが、雨とガスでこの日は何も見えない。ここから一気に下り一二時三〇分、ふもとの三木里に着いた。一三日の馬越峠の静謐な古代の息吹とは対照的な、豪雨も加わった野趣あふれる八鬼山越えとなった。

三木里は西川夫妻の里である。降りしきる雨のなか鯛飯や寿司にゼンザイなど、町内と実家をあげての大歓迎にもう驚くばかり。公民館と実家で休憩のあと、大勢の皆さん方が町はずれまで見送りに出てくださった。降りしきる雨のなか、さしのべられる濡れた手に一つひとつ握手のお返しをしながら、思わず胸が熱く痛くなり、もう前が見えなくなった。

このあと小さな峠を三つ越え、雨のなか一六時に賀田公民館に到着した。

厳しい自然に鍛えられるとともに、あふれるまごころに包まれた感動の一日だった。

＊２６５日目　延べ５１３０キロ　北緯３３度５８分　東経１３６度１１分

道とは、歩くとは、癒しとは

一九九九年一一月一六日（火）晴　三重県・尾鷲市賀田公民館から熊野市役所へ　二一キロ

この日も石畳と尾鷲檜と竹林の茂る熊野古道を二一キロ、峠を四つ越えた。この付近の海側を通るＪＲ紀勢線・尾鷲〜熊野間は昭和三四年に開通したが、それまではきょう歩いた曾根次郎太郎坂から逢神坂、大吹峠、松本峠を越えるこの古道が日常の生活道でもあった。檜林に竹林、藪もある。ところどころに苔むした石畳がつながりまことに静かだ。太郎坂の峠に立って、この峠から峠へと気の遠くなるような旅を昔の人は黙々とつづけたことを思い、ここに立てたことを素直に喜んだ。

逢神とは、伊勢神宮と熊野権現が出会う場所という意味だと聞いたが、その逢神坂の峠を越したところで珍客、スズメバチの群れに出会った。この刺客に刺されたら命も落としかねないので、少し引き返し迂回をすることになった。大体の方向を定めて藪のなかを一〇〇メートルほど半円状に藪をこいで迂回した。みな子供に帰ったようにはしゃぎながら藪のなかをくぐり抜けた。

かくして三日間六七キロの伊勢路の古道ウオークを終えた。

熊野古道の存在は、車の普及に押されて一時期忘れられかけたという。しかしこの道を歩く人が近年、わずかながら増えだしたと聞いた。

車社会から追いやられ、人の途絶えたかつての祈りの道に、いま、人々は癒しを求めにやって来る。「祈りから癒しへの回帰」。汗して峠を越しながら、はるか一〇〇〇年の時を隔てて、いまあるこの古道のずしりとした質感を感じた。

道とは、歩くとは、そして癒しとは……。さまざまな思いを喚起してくれた「熊野古道」だった。

＊２６６日目　延べ５１５１キロ　北緯３３度５３分　東経１３６度０６分

一九九九年一一月一八日（木）晴　三重県・熊野市役所から和歌山県・新宮市役所へ　二四キロ

熊野市役所から熊野灘沿いに国道四二号を歩き、夕刻新宮市に到着した。ここから和歌山県だ。私事になるが私はサラリーマン時代、一九七五年から一〇年間和歌山に赴任した。四〇代だったが、あちこちにさまざまの建造物を造らせていただいた。ここからの道中、橋やトンネル、発電所、学校やホテルなど、それぞれに思いを寄せて造ったものが、元気でいるかどうか見ながら歩けることは、もの造りに携わった者の冥利とでも言うべきか。

＊２６８日目　延べ５１７５キロ　北緯３３度４３分　東経１３５度５９分

太田久美子先生のこと

一九九九年一一月二〇日（土）晴　和歌山県・那智勝浦町役場から串本町役場へ　三四キロ

ここ数日秋晴れがつづき、晩秋というには、日中はまだTシャツ一枚で充分の暖かさだ。この日は那智勝浦町から海沿いの国道四二号を西へ、途中太地の鯨浜に寄り、コバルトブルーに映える紀伊の海を一望しながら、昨日再会した新宮の太田久美子さんも加わり、本州最南端の串本町へ向かう。

九月に石川県七尾市～小松市を二日間、偶然一緒に歩いた太田さんは、地理や歴史にめっぽう詳しく並々ならぬ好奇心と向学心をおもちのご婦人とお見受けした。七二歳、長年の教師生活を終え自由の身のいまが、一番楽しいと言われる。

今年の二月、千葉県の勝浦を歩いたときに、黒潮が和歌山から千葉に人や文化を運んだのではないかと少し書いたことがあるが、単刀直入に、そのことを太田先生にたずねてみた。

先生は「紀伊と房総には地名、神社などに同じ名や、漁法などに幾つも類似点があります。湯浅で生まれた醤油がのちに銚子で大きく育ち、紀伊国屋文左衛門はミカンと文化を西から東に伝えました。つまり黒潮は海のシルクロードなのです」と明快に話してくれた。先生の「伊能旅日記（石川県）」もいただき、またの再会を楽しみに別れた。

＊２７０日目　延べ５２２８キロ　北緯３３度２８分　東経１３５度４７分

一九九九年一二月一日（水）晴　和歌山県・日高町役場から湯浅町役場へ　二九キロ

日ノ岬から由良、広川、湯浅町へと紀伊水道に面して海に浮かぶ小島とリアス式海岸がつづく。山手には鈴なりに実った紀州ミカンが、いま収穫の最盛期だ。

県境の新宮市からいま歩いている日高町までは、国道四二号を北に約一五〇キロほどだが、道中見えただけでも、新宮市でセメントサイロ、勝浦町でホテル、串本町で海岸線の国道、田辺市でＪＲのトンネル、昨日の御坊市では火力発電所など、多くの人々と汗を流した作品が時を経て各地で、いまも元気にその役を果たしているのをこの目で確かめることができた。

一五時三〇分湯浅町に着く。昔お世話になった有田市の酒井文明さんが、わざわざ出迎えに来てくださった。ありがたいことだ。大阪に転任のとき「どないしても食えなんだら有田に戻って来んか？」と言われたのは、もう一五年も前のことだ。慈父のような面影はちっとも変わっていない。
＊２８１日目　延べ５４２９キロ　北緯３４度０１分　東経１３５度１１分

懐かしの地・和歌山で

一九九九年一二月五日（日）曇　和歌山県大会（Ⅲ）和歌山市内　一五キロ
和歌山城から雑賀崎に出て、和歌浦から紀伊三井寺。この日は日曜とあって和歌山に住むいとこの小坂光生・節子夫妻や、私の住む大阪住之江区の歩けの仲間「まだか会」の稲塚洋会長ほかや、友人・佐々木敏子さんら二十数名、それに鹿児島から長男・一裕（三二）も駆けつけてくれた。妻・節子とともに大阪入りするプレウオークのような感じになった。スタート地点の和歌山城界隈は、一〇年もいたので大変懐かしい。和歌山や大阪の友や家族とともに、和気あいあい、久方ぶりに和歌山の町を歩いた。
＊２８５日目　延べ５４８９キロ　北緯３４度１１分　東経１３５度１１分

大歓迎をうけ、大阪市役所にゴール

12／10　大阪ゴール

一九九九年一二月一〇日（金）晴　大阪府・堺市民会館から大阪市役所へ　一八キロ

いよいよきょうは第Ⅲステージ、そして伊能ウオーク第一年度のラストウオークの日である。出発会場の堺市民会館の広場には早朝からウオーカーが六〇〇人近く詰めかけ、私の友人や町内の人たちも大勢参加してくださった。大阪から梶川節子、みさおさん、大阪狭山市の中島紀明さん、堺市に住む武久昌司さん、斎藤正・トヨ子夫妻、吉木徹・美枝子夫妻、熊谷組堺営業所の職員の皆さんらで、八時四五分から賑やかな出発となった。

車の多い国道を避けて旧道の紀州街道に入り大和川を渡ればもう大阪市。安立の商店街から住吉大社、阿倍野に通ずる街道筋に、昔の町石や白壁造りの商家の構えをした家を何軒か見かけた。この街道は京から熊野へ詣でたいにしえの熊野街道なのだ。

九時、休憩の住吉大社では朱塗りの太鼓橋のたもとで、地元の仲間「まだか会」の有志二十数名が横断幕をかかげて出迎えてくれた。また、嶋隊員の母校・和泉市の北池田小学校の生徒たち一三〇名が「かっぽれ踊り」で歓迎してくれて大いに盛り上がる。

「まだか会」の「まだか」の由来は、山に登るとき頂上は「まだか」、酒を飲んだ時次回は「まだか」というような意味だが、今回は一一《かずいち》が戻るんは「まだか」ということらしい。

四天王寺で昼食。ここから北池田小の生徒たちもウオークの先頭に加わり、私たちと会話をかわしながらゴールまで歩く。御堂筋にでると銀杏並木が鮮やかな黄色に輝き、風に葉が舞い下りる。やがて中之島にさしかかる。朝日新聞・大阪本社前では歓迎の人垣のアーチをくぐり、一三時一〇分、大勢の出迎えをうけ、大阪市役所に無事到着した。

磯村隆文市長から「見事に到着されたことをお祝いします」と祝福をうけた。

このあと、大勢の人々で埋まった市役所前の広場で「まだか会」や大阪福井県人会、古巣の熊谷組大阪支店、友人の皆さんから祝福と花束の歓迎をうけた。

一私人となった私に、これほどまで大勢の方々から温かい励ましをいただき、思わず目頭が熱くなった。

ステージ隊では連続参加の関谷さんら五人に加え、長野から参加した高橋ハツエ、遊馬朋子さんとも、とりあえずお別れだ。「心に宝の山を」とゼッケンに書いた遊馬さんだが、見つかったかどうか？

このあと、一四時三〇分から中之島リサイタルホールで、伊能ウオークの一年間の報告会が催された。スライドで紹介する伊能ウオークの四季の様子や、この一年間歩きぬいた本部隊員のスピーチに、満席の会場は大きな感動につつまれ、拍手に沸いた。

東京を振り出しに北上、早春の東北、春の北海道から夏の甲信越、秋の北陸、紀伊半島から大阪まで、伊能ウオークは前半の二九〇日、延べ五五八四キロを無事踏破することができた。私にとってこの一年は、これまでの生活とはまったく質の異なる刺激と感動に満ち満ちた日々だった。出発当初の不安も消え毎日を楽しく過ごせたし、健康も案じたほどではなく無事に歩き通せた。なによりも自分の足と目線で自然を見、人々とふれあい、数えきれぬ多くの方々から励ましと声援をいただいた。「歩いた……生きた……」を実感した一年だった。

＊２９０日目　延べ５５８４キロ　北緯３４度４１分　東経１３５度３０分

冬休み

一二月一〇日大阪市役所にゴールし、中之島リサイタルホールで催された報告会で、第一年度（一九九九年）の公式行事はひとまず終了した。

あとは来年一月下旬までゆっくり冬休みに入るのだが、翌一一日から二日間は大阪で歓迎ウオークがあり、一八日からは東京で劇団俳優座公演『伊能忠敬物語』の観劇など関連行事もいろいろあった。

ようこそ大阪へ「歓迎ウオーク」催される

一二月一一日は大阪城から高津宮往復の約一〇キロを歩く府ウオーキング協会や諸団体の主催による「ようこそ大阪へ　ゴールイン歓迎ウオーク」があり、一二日はイノー・ウオーク・サポータークラブ主催の日本一低い山、標高四・五メートルの天保山を登るというユニークな「天保山登山ウオーク」があった。国土地理院長の野々村邦夫さんも味なことをなさるものだ。大阪西南部の二万五千分の一の地図には、この山はちゃんと記載されてある。高さ一・八メートルの防潮堤をアルプスの直壁に見立ててクライミングを試みるなど、随所に仕掛けられた山登りの技を競いながら参加者は大いに盛り上がり、お楽しみのあとはハーバービレッジで今年一年をねぎらう和やかなレセプションとなった。年末のご多忙にもかかわらず、国土地理院さんをはじめ私たちを歓迎してくださる全国の測量設計業協会、土地家屋調査士会ほかサポーターの皆さん、盛り上げていただいた地元・浪速の皆さんの心意気に、心からお礼を申し上げたい。

東京で伊能忠敬公演を観る

一八日は東京の新国立劇場で俳優座・加藤剛主演の『伊能忠敬物語』を観た。この日は日本ウオーキング協会が「伊能ウオーク観劇会」と銘打って全席をリザーブ、全国からウオーカーが集まり「伊能ウオーク」の同窓会のようだ。

舞台劇は測量の旅に出る五五歳までの伊能忠敬を、佐原時代（千葉県）の前半と江戸に出た後半の二幕に分け三時間、人間・忠敬を熱く見せてくれた。第一幕は一七四五年九十九里で生まれた忠敬が六歳で生母を亡くし辛酸をなめる幼少時代から、一七歳で佐原の造り酒屋・伊能家へ養子にはいり、家運発展の期待を担った彼は、家のしきたりや村の習わし、利根川の暴れ水、天明の飢饉とたたかいながらも着実に実績を上げていくサマが描かれる。踏まれれば踏まれるほど強くなる麦、それが忠敬、という感じだった。

徳川という体制が崩壊し始めた動乱の時代に、人望と富を得て事業家として果敢に生き抜いていく忠敬像がよく表れていた。

二幕目は、五〇歳で家督を長男の景敬に譲り、かねてより興味のあった天文学、暦学への向学心に燃え江戸に出、探し求めた一九歳も年下の幕府天文方の高橋至時に弟子入りしたところ、つまり忠敬第二の人生が始まったところからである。

そして一八〇〇年、忠敬五五歳の春、近代日本地図測量の旅に、蝦夷へと赴くところでフィナーレだ。

「一身にして二生を経る……」というのは簡単だが、誰でもがたやすくできることではない。二〇〇年も前にそれをものの見事に実践した忠敬の生きざまは、知れば知るほど新鮮で驚かされる。そういうことを感じさせる素晴らしいステージだった。

伊能忠敬のふるさと・佐原を訪ねる

翌一九日は、かねてよりぜひ行ってみたいと思っていた佐原市の伊能忠敬旧宅と伊能忠敬記念館を訪ねた。

忠敬が一七歳（一七六二年）から五〇歳まで三三年過ごした伊能家旧宅は、ＪＲ佐原駅から歩いて約一〇分、かつての水路・小野川に面して西に向いて建っている。正門と店舗は忠敬が養子にくる前から在り、書院は忠敬が建てたとされている。書に親しむことを無上の楽しみとした忠敬らしい。

記念館は小野川を隔てた旧宅の前にあり、和風のデザインだが、ＲＣコンクリート三階建ての立派な建物である。

なかには忠敬の佐原時代、江戸での勉学の様子や測量器具、全国測量の地図、記録など多くの貴重な資料が展示されている。折にふれて克明に記録された忠敬自筆の書、いまならさしずめメモノートだろうが、端正な筆跡で和紙にびっしり書かれてあるのを見るだけでも忠敬の人となりが窺え、訪れた価値もあろうというものだ。特に測量で使った野帳の記録を見ると、一つの測点に天候や人の配置、前後の状況などが綿密に記されており、ディテールをゆるがせにしない忠敬の性格がよくわかる。

伊能ウオークの影響もあってかこの記念館の入場者もとみに増えており、参観者は中年以降の男性が多いことが特徴と聞いた。混迷の現代、忠敬の生き方に多くの人々が共感を示したのだろう。まさに時代が伊能忠敬を必要としているのだ。

＜第４章＞

第Ⅳステージ　大阪―指宿

２０００年1月27日～6月27日　１５３日間３００７キロ

大阪城公園から出発

二〇〇〇年一月二七日（木）晴　大阪市　大阪府大会　一四キロ

第Ⅳステージの初日は、水の都・大阪の川と歴史を訪ねる大阪府大会である。平日にもかかわらず、出発会場の大阪城公園には出発二時間前の八時頃より参加者が続々と詰めかけ、府民にまじり遠くは北海道や東北、全国各地から集まったあの顔、この顔で会場は人、人、人で熱気があふれる。空からはヘリコプターが虹色のスモークをたなびかせ、歓迎のデモンストレーションをしてくれる。

一〇時、出発式を終え、快晴に映える大阪城をあとに九五〇人のウオーカーが元気にスタートした。天満橋に出て大川の両岸を通り扇町公園で昼食、午後は造幣局泉布観から中之島を歩き洪庵適塾跡から釣鐘堂を見て大阪城までの一四キロのコースだった。

大阪に住む地元の私でも、きょうのようなコースを歩くことはそうない。大川や中之島にかかる天神橋など幾つか水に映える時代の名橋や街なかに息づく歴史の跡をゆっくりと見ながら、大阪の友、中島紀明、安田孝、北村正夫、鈴木康夫、石井義男さんらと歩くことができた。「まだか会」からも倉田善子、江川敦子、寺嶋玲子さんら大勢が妻・節子と一緒に歩いた。

＊291日目　延べ5598キロ　北緯34度41分　東経135度32分

大阪から神戸へ三六キロ

二〇〇〇年一月二八日（金）晴　大阪府・大阪市役所から兵庫県・神戸市役所へ　三六キロ
きょうから移動歩行である。三六キロの長距離なので出発も普段より一時間早い。まだ少し暗い七時受付の市役所正面にはもう参加者の列ができ、七時三〇分の出発式にはあふれる人で正面広場は人の波、神戸に向け四九〇人が元気に出発した。市役所を出たところで「遅れてしまって……」と古巣の梶川先輩の夫人・節子さんと娘さんのみさおさんが二キロの見送りウオークに参加してくれた。

コースは堂島川河畔の遊歩道を西に下り国道二号に出て尼崎市に入り、阪神電車「でやしき」駅付近で一つ海側の中国道（旧国道）を西へと歩き、神戸市へ向かう。

この中国道は名のとおり「なにわ」から西に通じる道で、阪神間に数ある国道のなかでも最も古い国道だ。私には忘れられない道である。

五年前のきょうは、あの阪神・淡路大震災から一一日後、阪神電車が梅田から神戸・東灘の「おうぎ」まで初めて部分開通した日なのである。

震災の翌一八日、私は陸路を断たれた神戸へ船で大阪から救援に行き、そのまま神戸赴任となった。以来、不眠不休の修羅場を過ごしたが、二八日から阪神電車が「おうぎ」まで開通するというニュースを聞き、前夜遅く着替えを取りに船で大阪に戻った。翌朝暗闇の梅田から乗った始発電車は、尼崎あた

熊谷組神戸支店の皆さんと

りから阿修羅の街を徐行し「おうぎ」の仮駅に着いた。ここから神戸・三宮までは約一〇キロ、「臨時バスのりば」はいつ乗れるともわからぬ長蛇の列。ここで待つよりはと重いリュックを肩に歩いた道が、五年ぶりにきょう歩く道なのだ。JRが開通する四月まではよく歩いた道だが、コース地図を見てここを通ると知った時、思わず一瞬身震いした。

ビルが傾き道路に覆い被さり、倒壊した家屋を跨ぎながら歩いた、あの時の道。すっかり復興をとげた街並みを確かめながら、いま伊能ウオークの一員として歩ける幸せをかみしめる。一四時三〇分、神戸市内の御影にさしかかったところで、熊谷組神戸支店の皆さんが「ようこそ神戸へ　畑中一一さん」という大きな横断幕を掲げて大歓迎をしてくれた。

沿道のあちこちで旧知の方々の出迎えもうけた。

お世話になりっぱなしで神戸を離れた私なのに、こんなにも温かく迎えてくださる。胸が熱く、そしてうずく。

一六時三〇分、予定どおり神戸市役所横の東遊園地に到着。ここは震災直後各地から救援物資がヘリコプターで運ばれ、山と積まれた災害救助の基地だったところだ。ここで到着式が行われた。笹山幸俊市長より、「皆さんのお陰でここまで復興できた。伊能先生のことはよく存じ上げており、私もエンジニアで若い頃神戸市海岸線の水準測量を行った。どうか実り多い素晴らしい旅を……」と激励をうけた。

昨日につづききょうも北村正夫さん、安田孝さんや倉田善子さん、寺嶋玲子さんたちも三六キロをよく頑張った。節子もきょうと昨年秋の大津～宇治三六キロを完歩したことで大きな自信を得たようだ。

＊２９２日目　延べ５６３４キロ　北緯３４度４１分　東経１３５度１１分

子午線の町

二〇〇〇年一月三一日（月）晴　兵庫県・神戸市役所から明石市役所へ　二五キロ

二九日の布引の滝から再度山コース、三〇日須磨一の谷・源平の史跡コースの二日間は、旧友・松原宏一夫妻や、再会を待っていてくれた神戸支店の友らと、久しぶりで楽しく六甲山麓を歩いた。

この日は神戸市役所から国道二号に出て一路西へ。六甲の山並みを右手に須磨から垂水、舞子にかけ接近する海と山、左手に淡路島、前方に明石海峡大橋が姿を現す。明石は海峡と子午線の町である。架橋の完成で周辺の渚も修景が施され景観も一変した。それにしてもこの偉容はどうだろう。人の叡知、科学と技術の懐の深さ、そして何よりもこの大橋の完成に長いあいだたずさわり、情熱をかけ偉業をなしとげた人々に心底畏敬の念をいだいてしまう。

一五時ゴール。明石市役所海側の海浜公園で興味をもって計測したGPSによる経度は一三五度にわずか四秒差、距離にして一二〇メートル西だった。やはり標識のあったところが正しい位置なのだろう。

＊295日目　延べ5681キロ　北緯34度38分　東経134度59分56秒

二〇〇〇年二月四日（金）晴　兵庫県・加古川市役所から姫路市役所へ　二三キロ

きょうは立春。朝方は少し冷えたが、寒気を胸いっぱい吸って歩きだして約三〇分ほどすると、じわりと体が暖まりだす。この感触、このリズム、そして風景を見る楽しさを体がいったん覚えてしまうと、歩くことをやめられなくなるのだ。

第Ⅲステージの後半から二〇回近くも参加している大阪・平野区の石井義男さん（八一）らベテランにまじり一緒に歩いている堺市の藤澤勲さん（六〇）は、昨年一二月九日、初めて岸和田市で参加。出会いとふれあい、汗する楽しみに興味をもち、以来行けるところまでと、足のマメとたたかいながら毎日参加している。

姫路市街に入る手前、市川の堤防から姫路白鷺城が午後の陽にまばゆく光る。市役所の手前で整列をしていると、事務局スタッフの遠藤さんがやってきて「畑中さんは左前に並んで」と言われた。何ごとかと思いつつ一五時、大勢の市民の歓迎をうけ姫路市役所に到着すると、左側に熊谷組姫路営業所の人たちが、励ましの横断幕をかかげ花束を持って待っていてくれた。

＊２９９日目　延べ５７６９キロ　北緯３４度４８分　東経１３４度４１分

二〇〇〇年二月七日（月）晴　兵庫県・姫路市役所から相生市役所へ　二八キロ

姫路市の西、揖保川町は岡田昭弘隊員（七〇）のふるさとだ。長いあいだ地元で教師を勤められたが、歩くことが何よりも好きで全国を行脚、草花や昆虫、地理や歴史などにめっぽう詳しい。「歩く生き字引」とも言われる。酒は一滴も飲まないが「アル中（歩く中毒）」とか「アルクハイマー（歩き這い回る）」など、穏やかならぬ尊称もついている。その岡田隊員が昨夏第Ⅱステージ栃木県大田原市で、不覚にも歩行中つまずいて転倒し、右膝のお皿が割れるアクシデントに見舞われた。普通なら直ちに救急車で病院へ行くところだが、足を引きずってゴールし、さらに宿まで歩いて医者をたまげさせた人だ。この人は不死身なのか。郷里で手術をし、ギブスが外れるや杖をついて第Ⅲステージ長野から佐渡に向け合流したのには、誰もが驚嘆し、心配もした。歩きへのひたむきな思いには感動した。いまはほぼ復調されたが、まだお皿の骨は繋いだままだ。膝に残っているワイヤーを今夏取り除き、夏休み中に昨夏歩けなかった大田原～長野間約七五〇キロを一人で歩くのだという。

この日午後通った揖保川町役場前では、八木捷之町長はじめ教え子たちが総出で岡田隊員を出迎えた。半田小四年の生徒たちから思い思いのメッセージと手づくりの「ミニわらじ」を贈られ、心づくしの花束を手に目をはらし顔は真っ赤、いがぐり頭を下げる剛直の人・岡田先生の頬に涙がつたう。それを後ろで見守る妻の安子さん。

時として伊能ウオークが行くところ、感動の種子を蒔き、輪を広げるドラマが現出するのだ。
＊３０２日目　述べ５８０７キロ　北緯３４度４８分　東経１３４度２８分

坂越の海で伊能忠敬をしのぶ

二〇〇〇年二月八日（火）晴　兵庫県・相生市から赤穂市へ　二六キロ
寒冷前線が南に張り出し波浪注意報も出たこの日、朝から雪まじりの冷たい北風が吹きつけ海にも白波が立った。海岸線を歩くと時折突風が吹き、体がよろけそうになるほどだった。夕方、テレビのニュースで瞬間風速三二メートルと聞き、合点がいった。
相生湾と坂越《さこし》湾に沿い海岸の県道を歩き赤穂の御崎を通り赤穂城址、大石神社に詣で赤穂市役所に着いた。赤穂といえば赤穂義士。大石神社裏にある、どちらかといえば質素な造りの大石良雄内蔵助邸の前を通り抜けた。平成のいま、この人ならどう生きるだろうか、と思ったりもする。昼前に通った坂越には昔ながらの街道と屋敷が並び、往時の町並みがしっかりと保存され残っていた。伊能忠敬は西日本の測量には時間をかけ都合四度行っているが、山陽道には二度訪れている。最初は一八〇五（文化二）年一〇月二六日から二七日にかけ、当地・坂越の醸造元・奥藤家に二泊し、このあたりを測量している。二七日は晴れ、夜は入り江の生島で星を仰ぎ天測をしたと『相生市史（伊能忠敬測量日記）』に記されている。

＊３０３日目　延べ５８３３キロ　北緯３４度４５分　東経１３４度２３分

岡山から倉敷へ

二〇〇〇年二月一二日（土）晴　岡山県・岡山市役所から倉敷市役所へ　二一キロ

八時四五分に岡山市役所を出発、山陽本線北側の旧道に出て笹ヶ瀬川から撫川城跡あたりののどかな田園風景を歩く。足守川を渡れば倉敷市、六間川を越え浜ノ茶屋を左に折れると旧市内に入る。大原美術館前を通り、一五時、倉敷市役所にゴールした。

この町は井上宏隊員のふるさとである。妙子夫人、中田武志市長はじめ、待ちかまえる知人、友人たちが温かく郷土入りを歓迎した。酒、とりわけ地酒をこよなく愛でる井上酒仙は、自分の足と目と舌で全国のうまい地酒と郷土料理を味わいたいと、この旅に参加した。昨年の東日本で五〇銘柄以上もの地酒を味わったという。小柄な体のどこに入るのかと思うほどの酒量だが、毎日汗をかいて歩くから翌日に残らないとおっしゃる。若い頃より乗りつづけるナナハンのせいか方向感覚と地理にも強いアウトドア熟年だ。

＊３０７日目　延べ５９２７キロ　北緯３４度３４分　東経１３３度４６分

二〇〇〇年二月一五日（火）晴　岡山県・倉敷市児島からＪＲ瀬戸大橋線に乗り香川県・坂出市に午後の日差しを浴び銀色に輝く瀬戸内の海、つらなる小島を跨いで架かる瀬戸大橋を列車で一気に渡り、四国の土を踏む。ここからは、時計回りでほぼ四国をぐるっと一周する旅が始まる。愛媛県・今治市に着くのは四月一二日の予定だから約二カ月、四国を歩くわけだ。

昨年の暮れ『歩く四国遍路千二百キロ』を出版した西川隊員にとっては、ここは三年前に歩いた想い出の地だ。敦子夫人も、お遍路のつもりでと、昨年の三重県内完歩につづき四国を踏破したいと一緒に歩く。

「お接待」のこころ

二〇〇〇年二月一八日（金）晴　香川県・坂出市王越町から高松市役所へ　二六キロ

四国路ウオークはまだ始まったばかりだが、道中沿道での声援や休憩地での歓迎に何かこれまでと違うものを感じる。

その一つが「お接待」という言葉だ。ときに「お接待させてもらいます」という言葉とともに、お茶や菓子や果物、昼食時には郷土汁をいただいたりする。やはりお遍路の国なのかと、肌で感じる。お遍路さんにお参りの心を託し温かくもてなす風習がいまにつづいているのだ。

この日の朝の坂出市・王越公民館の出発式は心温まるものだった。坂出市街から東へ二四キロ先のひなびた集落の王越幼稚園の園児、小学校の生徒たち全員八二名に、自治会長さん、先生や町の人たちが総出で公民館前に集まった。上川園長先生の手拍子で園児が歌うアニメ「となりのトトロ」のテーマソングにあわせ町の人も一緒に歌い、出発式は時ならぬ運動会のような盛り上がりだ。出口で手を振る人垣のなかを通り抜け、別れを惜しみながら出発した。

この地に寄せていただくことは、もしかしたらこれきりになるかもしれぬ私たちを、昨日は鯛飯と天狗汁で迎えていただき、今朝もミカンを「手に持てるだけ持っていかんかね」と言われる。

とにかく半端じゃないのだ。その厚い心づくしに感謝しつつ、それにしてもなぜ、ここまでしてくださるのか、と思った。何かの代償を求めてということでは、まったくないのだ。

昼食場所は八二番札所・根香《ねごろ》寺。標高四五〇メートルの青峰山頂近くまで登る。

日本列島がスッポリ冷凍庫に入ったような寒い日がここ数日つづく。この日参道の日陰にはつららが下がり、大きな「わらじ」を吊るした山門では時折雪が舞う。本堂付近ではトイレの水も凍り、手桶の水は手が切れるように冷たい。

四国にしてこうなのだ。私の故郷、北陸や北の国はどんなだろう。こんな日にふもとから歩いて、心地よい汗をかき、得難い根香参りとなった。

ゴールの高松市役所では、ここでも横断幕をかかげた熊谷組四国支店の金成猛支店長以下職員の皆さんが温かく出迎えてくださった。本当にありがたい。
＊３１３日目　延べ６０５４キロ　北緯３４度２０分　東経１３４度０２分

吉野川の河口で

二〇〇〇年二月二五日（金）晴　徳島県・鳴門市から徳島市へ　二二キロ
一六日丸亀市を振り出しに東へ一〇日、途中琴平町、善通寺市にも足を延ばし金比羅さんや、弘法大師空海生誕の七五番札所・善通寺に参るなど、寄り道をしながら約一九〇キロを歩き、二四日の午後鳴門市に着いた。この町の名物「いもぜんざい」と阿波踊りの歓迎で温かく迎えられた。鳴門は架橋で本州と結ぶ東の玄関口で、さすがに町を走る車の量がぐんと増える。

きょうは徳島市まで、国道一一号なら一五キロ弱だが、旧道の史跡や吉野川堤を歩いて二二キロのコースを歩いた。浄瑠璃で名高い「阿波十郎兵衛」屋敷に立ち寄り、細い道を南へ歩くとやがて吉野川左岸に出る。

堤防に立つとがらりと視界が開ける。ここから少し上流に計画の可動堰をめぐり、いまその賛否を大きく世に問うているのである。四国三郎・吉野川は川幅が一・五キロ近くもあろうか、ここから眺めるひろびろと青く澄んだ河口と、東に広がる海は、見る者の心を伸びやかにしてくれる。

このゆったりとした河口と、同行二人と書かれた布のザックを肩から吊るし杖をつき歩く白衣のお遍路さんの姿を日にすると、やはりここは四国だと思う。

＊３２０日目　延べ６１８２キロ　北緯３４度０４分　東経１３４度３３分

田淵仙人現る

二〇〇〇年二月二八日（月）晴　徳島県・徳島市役所から阿南市役所へ　二九キロ

伊能ウオークは出会いとふれあいの交差点だが、それにふさわしく、仙人が四国路に現れた。徳島県阿南市の田渕元直さん（八一）だ。号は嵐峰、この人を知る人はみな「仙人」と呼ぶ。阿南市で長年小学校の先生をやり、のちに校長も務められた。リュックに地図やスケッチ道具、食料を詰め、歩きながら絵を描き、歌や俳句を詠むという旅を、いまも年中つづけている。伊能ウオークには昨年第Ｉステージ（東京～札幌）に参加して、厳寒期を北上、一緒に完歩した。きょうは地元を通るわれわれに合流してくれたのだ。

道中のユーモアあふれるエピソードや名物ひげの笑顔は新聞紙上でおなじみだが、もっと自分の行きたいところを歩きたいと、いまも黙々と一人旅をつづけている。

もう亡くなられたが、長く患った奥さんをリヤカーに乗せて一緒に旅をしたときの話などを聞くと、何ともいえない感銘を受ける。深く刻まれた額の皺と幼子のように光り輝いている目。この人は仙人ではなく、いまを生きる超人なのだ。

久しぶりの仙人の出現にウオーク隊は沸いた。

＊３２３日目　延べ６２２１キロ　北緯３３度５５分　東経１３４度３９分

二〇〇〇年三月二日（木）晴　徳島県・牟岐町から高知県・東洋町へ　三二キロ

徳島市から南へ一七〇キロ、地図で見ると阿南市あたりから山がぐっと海にせまり、半島と入り江、小島の浮かぶ海岸線に国道五五号が、南南西へと伸びる。その行きつく先は高知県の室戸岬だ。

二月二九日、阿南市から二日間で七二キロ南下、昨夕牟岐町に着いた。三月一日、立ち寄ったウミガメの産卵で名高い日和佐町では、近藤和義町長から「ようこそこの町に。ヨメ来い、マゴ来い、カメも来い」というユーモアたっぷりの歓迎の挨拶をいただいた。

きょうも三二キロ、南へ、南へとひたすら歩き、この三日間で一〇四キロ歩いた。一六時三〇分、全員無事に東洋町役場にゴールした。ここは高知県の東端で、ＪＲ牟岐線接続の阿佐海岸鉄道の終点だ。ここから室戸岬までは約四〇キロ、自然いっぱいの美しい海岸線がつづく。公共の足はわずかに通るバス以外にはなく、空と海のはざまに一筋の道が南へと延びる。

ここを歩くお遍路さんにとっては、昔もいまも四国で一番の難行のところだ。

室戸と四万十を歩きたいとかねてから言っていた妻の節子は、「室戸を歩きにきました」というゼッケンをつけ昨日から参加した。とりあえず高知まで一緒に歩くつもりである。西川隊員の夫人・敦子さんも「いらっしゃい」と二カ月ぶりの再会を喜んでくれた。

＊３２６日目　延べ６３２５キロ　北緯３３度３１分　東経１３４度１６分

空と海・室戸岬

二〇〇〇年三月五日（日）晴　高知県大会（Ⅰ）室戸岬　一七キロ

私たちの泊まった国民宿舎「むろと」は、海を見下ろす岬の高台にあり、原生林のなかに一軒、それだけに朝夕の眺めは素晴らしい。この日は室戸岬の海岸線と山、断崖の遍路みちと札所に参る、とっておきの自然と歴史の道を歩く高知県大会である。

一〇時、室戸市体育センターを出発、室戸スカイラインから、尾垂山（標高二三〇メートル）の尾根に上がる。原生林に覆われ鋭角に張り出す岬が眼下に見下ろせる。

その先に太平洋のいくらか丸みを帯びた水平線が広がり、地球が丸いことを実感する。東側には、切り立った断崖、険しい山並みが北につづき、海岸線を一本の道が徳島県側へ伸びているのが見える。

尾根づたいに約二キロスカイラインを下ると、二四番札所・最御崎《ほつみさき》寺に着いた。標高一二〇メートル近くはあろうか、若き日の弘法大師がここで幾日も修行を積み、悟りを開いて「空海」の名を得たという由緒ある札所だ。春はまだ早いが、この寺でも数人のお遍路さんに出会った。徳島・日和佐町二三番札所・薬王寺からここまで約八〇キロ、私たちが歩いてきた海辺の一本道を、この人たちも黙々と歩いてきたのだろう。山門を出て坂を少し下ると室戸岬灯台だ。

地図の作成にとってこの地は重要なポイントである。伊能忠敬は一八〇八（文化五）年四月二一〜二四日の四日間滞在、二三日には二六番札所・津照寺に宿泊、晴れ間を待って天測を行ったと記してある（伊能忠敬測量日記）。

＊３２９日目　延べ６３７８キロ　北緯３３度１７分　東経１３４度０９分

「地球３３番地」

二〇〇〇年三月九日（木）晴　高知県・赤岡町役場から高知市役所へ　二六キロ
阪神タイガースのキャンプ地、安芸市は一昨日通った。安芸市から高知市にかけ三〇キロあまり、海辺沿いに長く快適なサイクリングロードを歩いた。吹く風も日陰では冷たいが、日なたでは少しずつ春のきざしが感じられるようになった。高知市役所までの二六キロを歩いた。三一・三二番の札所に参り高知市役所には午後四時に着いた。

途中通った弥生町の「地球３３番地」はなかなかユニークだった。市内を流れる江ノ口川の北緯三三度三三分三三秒と東経一三三度三三分三三秒とがクロスするポイントには、モニュメントが建っていてマニアにとっては垂涎の地点なのだ。私たちの「ＧＰＳ」（全地球測位システム）の測定値もピタリだった。おまけに伊能ウオークが昨年一月東京を出発してからこの日がちょうど三三三日目で、しかも午後三時三三分にここを通ったから、重なる偶然にみな大喜び、やんやの喝采となった。

＊３３３日目　延べ６４６５キロ　北緯３３度３３分　東経１３３度３２分

二〇〇〇年三月一二日（日）晴　高知県大会（Ⅱ）高知市内　一五キロ

「いごっそう……」で知られる土佐の高知は、幕末の坂本龍馬から昭和の宰相吉田茂まで、数多くの傑物や偉人を輩出している。市内を少し歩くと坂本龍馬、山内容堂、中江兆民、板垣退助などの生誕の地に出会う。

きょうは快晴、城前の追手前小学校から龍馬が泳いだという鏡川を渡り、静かな浦戸湾に沿い、三三番札所・雪蹊寺に寄って、桂浜まで歩いた。南国の高知で雪蹊寺というのは似合わないが、坊さんだってかんざしを買うからまあいいか。

境内で二〇人ほどのお遍路さんにあった。よく見ると着ている白衣がさまざまである。風雨にさらされた古いのやら、新しいのやら、上着だけ白衣で下はトレパン姿などいろいろだ。歩く人と車やバスで参る人の違いなのだ。年間四国を訪れるお遍路さんは約一〇万人ぐらいいるが、そのうち歩く人は約三パーセントの三〇〇〇人前後だという。そして歩くお遍路さんが近年増えだしたそうだ。

午後、節子が用事で大阪に帰った。

＊３３６日目　延べ６４８０キロ　北緯３３度２９分　東経１３３度３４分

雨と菜の花の四万十川

二〇〇〇年三月二〇日（月）晴　高知県・中村市役所から土佐清水市以布利へ　三二キロ

高知市から西へ約一四〇キロ、山間のこの地は応仁の乱を逃れて一条数房が築いた土佐の小京都中村市、この町の西を清流四万十川が流れる。

昨日は四万十川を歩く高知県大会だったが、全国各地から集まった人たちには恨みの雨となり、青い清流は見られなかった。しかし雨もまた天の恵み、墨絵のようにかすむ山並み、菜の花咲き春雨けむる四万十の川べりもまた風情のあるもので、心ゆくまで濡れて歩いた。

明けてきょうは快晴。四万十川の右岸を河口まで歩き、右に折れ土佐清水市へと海岸線を進んだ。エメラルドグリーンに澄んで輝く四万十の川面は、昨日とこれが同じ川かと思うくらい鮮やかだった。
＊３４４日目　延べ６６６６キロ　北緯３２度４７分　東経１３２度５７分

足摺岬に立つ

二〇〇〇年三月二一日（火）晴　高知県・土佐清水市以布利から土佐清水市役所へ　三二キロ
高知県は広い。東の室戸岬からはここまで約三五〇キロもある。きょうは四国の南端・足摺岬を一周し土佐清水市役所まで歩く。
原生林のトンネル、椿の花咲く遍路みちを歩き、半島の最南端・足摺岬には正午に着いた。東の室戸岬の鋭利なナイフのように南に張り出す地形に比べ、こちらはややずんぐりと大きめだが、太く斜めに生える原生林、絶壁の高さ、岩礁に吠えるように砕ける白波といったスケールの大きさは圧巻だ。

三八番札所・金剛福寺に参り洞門にも下りて、一六時三〇分土佐清水市役所に着いた。

ここで予期せぬ人が私たちを待ち受けていた。

昨年ステージ隊員として第Ⅰステージを一緒に歩いた東京の桑原繁さんが、遍路姿で市役所の玄関に立っていたのだ。もともとこの人は自転車で全国を走破してきた人だ。サイクリングから伊能ウオーク、そしてこのたびはお遍路さんに変身していたのだ。
＊345日目　延べ6698キロ　北緯32度46分　東経132度57分

二〇〇〇年三月二二日（水）晴　高知県・土佐清水市役所から土佐市大津公民館へ　二一キロ
この市の中の浜地区はジョン万次郎こと中浜万次郎のふるさとだ。一八四一（天保一二）年、一四歳の時乗った漁船が難破、アメリカの捕鯨船に救助され、のちに数奇な運命を切り拓いた日本初の国際人を記念して、ジョン万ハウスと港の近くに大きなモニュメントが建っている。
中村市から四日間、湯茶接待などのリーダーを務めた高知県土地家屋調査士会の山脇陳男さんは出発式のときに「昔、土佐清水に転勤のときは左遷かと思った。しかし住めば都、景色も魚も最高、女房までもらった」と挨拶された。
最後のこの日、山脇さんは「青春の想い出なつかし清水路をすてきな人らと歩く楽しみ」というゼッケンをつけて完歩した。奥さんも露天で商いをするかと思われるほど車に湯茶や果物をいっぱい積んで伴走してくれた。ゴールでは隊員のリクエストで奥さんがゼッケンを読み上げ、ほのぼのと心温まる到着式となった。

二月の中旬、香川県に入って以来、各地でうける「お接待」には、本当に頭がさがる。私は飴茶をよくいただいた。寒い時も汗をかいた時も美味しいので、休息の時に二杯、三杯つづけて飲んだこともあった。五年前に神戸の震災の時に患った糖尿病のことが頭をよぎったが、体調もいいし毎日歩いているのだからと、この時は気にも止めなかった。

＊３４６日目　延べ６７２０キロ　北緯３２度４５分　東経１３２度４８分

二〇〇〇年三月二五日（土）晴　宿毛にて休養日

帰っていた節子が、これから一〇日間歩くために、朝一番で大阪を発ち昼に宿毛に戻ってきた。歩きたかった四万十川と足摺岬が用事で歩けなかったので、レンタカーを借りて私が運転し、もう一度足摺岬から四万十川の上流まで行った。沈下橋も歩いた。橋のたもとの菜の花が満開だった。

二〇〇〇年三月二七日（月）晴　高知県・宿毛市から愛媛県・城辺町へ　二六キロ

足摺岬から進路を北にとる。西四国、足摺宇和海国立公園のリアス式海岸がつづく。昼前、県境の城辺町公民館前で高知から愛媛県への引き継ぎ式があった。高知県は二六日間、約四八〇キロも海岸線を歩いた。一番長い期間滞在した県だ。

土佐の「お接待」もすごかった。飴や菓子、ミカンやイチゴにバナナ、こんなに甘えてもよいのかと思うほどだった。大内隊長も「高知県土地家屋調査士会の皆さんのきめ細かで心温まるお接待に心から感謝します。どうかこれ以上エスカレートしないようにお願いしたい」と異例の挨拶をしたほどだ。

県測量設計業協会の柏井直亀さんは、伴送車の担当を当初は途中で交代する予定が、見事にハマッテしまい二六日間一人でやってしまった人だ。引き継ぎ式では一人ひとりと固い握手をし、眼鏡の奥の細い目は真っ赤に潤んでいた。

＊351日目　延べ6795キロ　北緯32度57分　東経132度35分

「ゼッケン」の和田晃さん

二〇〇〇年四月二日（日）晴　愛媛県大会（I）宇和島市　一〇キロ

伊能ウオークの常連・和田晃さんは、「ゼッケンの和田さん」という異名ですっかり有名だ。参加のたびに、その土地の風物や歴史を巧みに取り入れたゼッケンをつけて現れるのだが、それが素晴らしいのだ。その上笑顔の似合う人柄がまた得難いキャラクターなのだ。

宇和島市内を歩いたこの日は、伊達政宗の漢詩「馬上少年過　世平白髪多　残軀天所赦　不楽是如何」

を書き、「いま風に訳せば」として「若い頃は会社のために夢中で働いた。定年を迎えたいま、白髪がいっぱい。第二の人生を天が許してくれたのだから、楽しく日本の国を歩かなくて何としよう……」というメッセージのあるゼッケンだった。市内の天赦園にこの詩が刻まれていた。宮城県・多賀城市に住む和田さんの先祖は、ここ宇和島藩の家臣だったという。

＊３５７日目　延べ６８８３キロ　北緯３３度１３分　東経１３２度３３分

二〇〇〇年四月九日（日）晴　愛媛県大会（Ⅱ）松山市　一〇キロ

松山は、正岡子規と「坊ちゃん」のふるさとであり、道後温泉でもよく知られている。

昨日は休養日、よい天気だったので、松山城、市立正岡子規記念博物館を訪れ、近くの道後温泉にもつかってきた。いずれも一見、一浴の価値充分にありだが、なかでも正岡子規記念博物館は必見の一級品だった。

今朝の出発式には加戸守行知事と地元中村時広市長が出席された。県大会で知事と市長が揃ったのは昨年五月の秋田県以来のことだ。伊能忠敬の七代目にあたる伊能洋・陽子夫妻も東京から駆けつけ、五〇〇人のウオーカーらとともに大阪の隈本義八さん、尼崎の松元筆子さんと市内を歩いた。

石手川から石手寺にかけ満開の桜のトンネルをくぐり、瀬戸風峠に登って松山城と市内を見渡しながら山道を下る。帰路の常信寺で甘茶、市内の酒蔵では地ビールの「お接待」に、心地よい汗をぬぐった。

ゴールしてから、西川隊員夫妻と私で食事をしに道後温泉に出かけた。札所にところどころ寄りながらの四国路約六〇日の夫唱婦随の旅も終わり間近となった。ご夫妻にとって何ものにも代え難いまたとない旅となったことだろう。

＊３６４日目　延べ７０３１キロ　北緯３３度５０分　東経１３２度４６分

ワゴン車のオシドリ夫婦

二〇〇〇年四月一二日（水）晴　愛媛県・菊間町から今治市役所へ　一九キロ

きょうは香川県・丸亀市出発以来、ほぼ一周をした四国路のラストの日だ。雪が舞い、つららの下がった坂道を歩いた頃から五八日間、約一一五〇キロ、その七割近くがお遍路みちだった。沿道に咲く花も梅から椿、菜の花に、桃から桜へと変わり、そろそろツツジが蕾を出し始めた。海と島々を背に青空に鯉のぼりも泳ぎだした。

さまざまな出会いやふれあいがあった四国路だが、阿南市（徳島県）の清水実（七二）・貞子夫妻との出会いも忘れられない。「伊能ウオークが楽しくて……」と四国路のほとんどをワゴン車で寝泊まりしながらのオシドリ参加は、伊能ウオークの名物となった。午後到着した今治市役所で、名残惜しくひとまず別れたが、夫妻のほほえみと心温まるもてなしは何よりの「お接待」だった。

＊３６７日目　延べ７０８１キロ　北緯３４度０３分　東経１３３度００分

「しまなみ海道」を歩く

二〇〇〇年四月一六日（日）晴　広島県・瀬戸田町役場から尾道市役所へ　二八キロ

第Ⅳステージのハイライト「しまなみ海道スリーデーウオーク」が一四日から始まった。愛媛県今治市から広島県尾道市まで、海をまたいでつながる架橋と島々を歩く三日間、約九〇キロ。延べ約三〇〇〇人が参加した。全国のウオーク仲間のあの顔この顔、関西からも大勢の仲間が集まり、和気あいあいの再会ウオークとなったが、青森県で伊能ウオークを先導した赤牛喜代治さん（六七）もその一人だ。

「伊能ウオークは私に夢を与えてくれた」と、青森以来私たちと交流が始まってから、四国路にはお遍路のためにやってきて、五日前の四月一一日に八十八カ所の結願をすませてから「しまなみ」に駆けつけて来てくれたのだ。尾道市役所では「伊能ウオークが終わる来年はねぶたを見に、ぜひ青森へ……」と再会を約束する固い握手。一期一会のご縁がまた一つ深まった。

また、この架橋の建設に尽力された星野晴彦氏（熊谷組元副会長）は京都でのウオークにつづき三日間、私の激励も兼ね京都から馳せ参じてくださった。七七歳とはとても思えぬ健脚で、ご自分が手塩にかけた橋を元気に踏破した。

大阪からも大勢の友に加え、江森実さん、倉田善子さん、江川敦子さんに、節子も昨日から歩きにきた。

道路と言えば車優先の時代だが、ここの架橋には高速車道以外に、歩道と自転車の素晴らしい専用道が完備している。アプローチには見晴らし台や休憩所など、自然を楽しめるように随所に心配りが施され、次世代に向けた環境に優しい多目的道路だ。

海と島々を見下ろしながら海の上をのんびり歩ける橋などこれまでになかった。ウオーカーにとって心強いかぎりだ。
＊３７１日目　延べ７１６４キロ　北緯３４度２４分　東経１３３度１２分

入船山記念館

二〇〇〇年四月二〇日（木）晴　広島県・安浦町役場から呉市役所へ　二九キロ
ＪＲ呉線に沿い瀬戸内の島を眺めながら、ところどころで旧道の峠を越える。呉市内に入ると山手に灰ケ峰、江の藤山が見える。山腹に咲く山桜が夕日に照らされ、ところどころに薄紅の明かりが灯るように見える。呉と言えば明治時代から海軍の基地として栄えたところだが、港に海上自衛隊の潜水艦が寄港していた。
到着式のあと東郷平八郎元帥や旧海軍の長官が執務をとった官舎「入船山記念館」を訪れた。ここには旧海軍の資料のほかに、一八〇六年伊能忠敬が呉地方を測量したときの貴重な絵巻物「浦島測量之図」や古文書（市有形文化財）が常設展示されているからだ。

有名な「夜中測量之図」で赤毛布の上に座り、象限儀を用いて天測してるのは忠敬であろう。当時の測量の様子がいきいきと描かれている。私たち平成の伊能忠敬もいま、ＧＰＳ（全地球測位システム）で緯度、経度を測りながら、歩く旅をつづけている。

＊３７５日目　延べ７２６２キロ　北緯３４度１４分　東経１３２度３４分

二〇〇〇年四月二三日（日）晴　広島県大会（Ⅱ）広島市　一七キロ

昨日から二日間は広島市内を歩く広島県大会だ。広島城横の中央公園を出発地点に、昨日は旧大田川に沿い北の不動院ほか史跡をめぐる歴史コースを歩き、きょうは原爆ドーム、平和記念公園を通り、みなと公園から中央公園に戻る一七キロを歩いた。広島に来たら一緒に歩こうとこの日を楽しみにしていた旧友・伊藤修二・欣子夫妻と広島の町を歩いたのは嬉しかった。大阪と広島で電話で声は聞くが、なかなか会う機会がなかった。伊能ウオークはよいチャンスを与えてくれた。快晴、そよ風が新緑の木々を縫って頬をつたう。

夜は伊藤家に伺い、すっかりご馳走になり語り合い過ごした。三時間はあっという間だったが、これまでごぶさたしていた時間的、空間的距離をゼロにして、夫妻宅をあとにした。

＊378日目　延べ7322キロ　北緯34度23分　東経132度33分

二〇〇〇年四月二六日（水）雨　山口県・岩国市役所から玖珂町役場へ　二二キロ

雨の錦帯橋を渡る。出発式で井原勝介岩国市長が「わが市の名橋も五〇年の節目を迎え、来年は架け替えの年です。ちょうどよい時に来ていただいた」と挨拶された。

いまから三三〇年前、錦川の洪水から守るために苦労の末、完成したという西国一の木造アーチ橋は心をとらえる。すぐれた機能と構造を備えた斬新なデザイン、先人の英知の素晴らしさに感嘆する。萌えだした新緑も鮮やか、雨に濡れて光る欄干や橋面に、ウオーク隊のカラフルな雨具がひときわ映える。橋のたもとに咲く名高い桜は時すでに少し遅かったが、きょうはもう一つの花が咲いた。河畔の宿「開花亭」では女将さん以下皆さんが総出で、ずぶ濡れの私たちを玄関先で待ち受け、笑顔でテキパキと雨具や衣類を乾かす心配りが嬉しい。雨もまたよし、桜は散っていたが一夜の宿に濃やかな心づくし、人情の花が咲いた。

＊381日目　延べ7394キロ　北緯34度05分　東経132度04分

三市長の揃い踏み

二〇〇〇年四月二八日（金）晴　山口県・徳山市役所から防府市役所へ　二九キロ

この日はツツジ咲く道中を三人の市長が歩いた。河村和登徳山市長の見送りウオークに合わせ、伊能忠敬のふるさと・佐原市の鈴木全一市長が公務の旅先から飛び入りの参加。鈴木市長は昨夏にも信州塩尻から松本までをお嬢さんと歩かれた。午後からは松浦正人防府市長がゴールまで同行完歩された。伊能ウオーク一区間で、三市長のウオークは初めてのこと。道中三人三様、心にふれるスピーチをいただき、地元デーリー隊も大勢参加して、賑やかで楽しいふれあいウオークとなった。

＊３８３日目　延べ７４５５キロ　北緯３４度０２分　東経１３１度３４分

二人で三人前

二〇〇〇年五月四日（木）山口県・小野田市から下関市ＪＲ小月駅　二九キロ

防府から海岸線を西へと歩く。来年七月から開催の「山口きらら博」の建設が最盛期の阿知須町の海浜を通り、国道一九〇号を西に宇部市へ。さらに小野田市まで来ると遠く西の海に関門海峡と大橋が、その向こうに来週から歩く九州が見えだした。山口県もあと一日となったが、コースリーダーの広島県尾道市の三上博（六五）・育子夫妻には広島県以来ずっとお世話になっている。伊能ウオーク参加二五回のスーパーウオーカー賞を四月二二日に夫婦揃って受賞した。夫婦揃っての先導役と受賞はいまのところ初めてだ。二人で一人前ですと謙遜されるが、夫婦ならではの息の合った先導は三人前ともっぱら好評だ。それもそのはず、一六〇キロのコースの下見を車に自転車を積んで歩きと併用しながら三回も行ったそうだ。このご苦労のお陰で伊能隊は楽しく安全に旅ができる。その役目もきょうでひとまず終わる。三上夫妻ありがとう。

＊389日目　延べ7551キロ　北緯34度03分　東経131度02分

関門人道トンネルを渡る

二〇〇〇年五月八日（月）晴　山口県・下関市役所から福岡県・北九州市小倉城へ　一九キロ

この日は、壇ノ浦の関門トンネル人道入り口からエレベーターで一気に五五メートル下の海底トンネルまで下りて門司側まで歩く。長さ約七七〇メートルの歩道はエアコンがよく効き海の下とは思えぬ快適さだ。一〇分足らずで門司側に着いた。エレベーターで地上に上がれば北九州市。昨年の五月は北海道だったが、ここまで歩きようやく九州の土を踏んだ。

くしくも伊能忠敬も一八〇六年五月七日から当地・赤間関に宿泊、八日から海峡の測量を開始した。

福岡県太宰府市ではサトウサンペイさんと一緒に歩いた
（左から井上隊員、遠藤スタッフ、サトウサンペイさん、筆者、瀧川隊員）

隔世の感がある。この二〇〇年間に私たちの国は良くなったのかどうか……。

＊393日目　延べ7606キロ　北緯33度52分　東経130度52分

木屋瀬小の児童と交流する

二〇〇〇年五月九日（火）晴　福岡県・北九州市役所から直方市役所へ　三〇キロ

この日は長い道のりだったが、北九州市八幡西区の須賀神社で午後の休息タイムに、北九州市立木屋瀬小学校六年生一二二名と本部隊員が三〇分間交流の場をもったのは有意義だった。

忠敬の時代と現代の測量などの説明のあと、質問コーナーでは「なぜ忠敬は測量するようになったのか？」「なぜいま二年も歩くのか？」など鋭い質問攻めに思わずたじたじ。はじめのうちは緊張もあったが、Q＆Aのキャッチボールですっかり仲良しになり、最後はみんなで大きな輪をつくり、木屋瀬音頭を一緒に踊って大いに盛り上がった。
＊３９４日目　延べ７６３６キロ　北緯３３度４４分　東経１３０度４３分

サトウサンペイさんと歩く

二〇〇〇年五月一二日（金）晴　福岡県・太宰府市役所から福岡市役所へ　二四キロ
漫画家のサトウサンペイさんが、一〇日からきょうまでの三日間、本部隊員と寝食を共にされた。歩くことの厳しさ、素晴らしさなどを、自分の目と足で探ってみる体験ウオークだ。いつも笑みをたたえ、相部屋の宿泊にもいやな顔一つされず、ジョークも飛び出す。磨かれた本当のジェントルマンだ。

「きせる（煙管）ウオーク」の似顔絵ゼッケンを背に、普段歩くことの少ないサンペイさんだが、ゴールの福岡市役所の挨拶では「ウオークは爽やかだ。歩くと長生きできそう。市長さんも公用車をやめませんか」と、ユーモアを交えて歩きの効用を説いた。

さてどんな作品が生まれることか、新聞を見るのが楽しみだ。

福岡市は本部隊の荻野邦彦隊長補佐と藤田弘隊員のふるさとでもある。元気に郷土入りした二人に、山崎広太郎福岡市長が「ようこそふるさとへ」と歓迎のエールを贈った。お二人は待ち受けた郷里の友人などから温かい歓迎と花輪の祝福をうけた。
＊３９７日目　延べ７７０９キロ　北緯３３度３５分　東経１３０度２４分

体調がおかしい

二〇〇〇年五月一八日（木）晴　休養日

昨夕、きょうの天気がよければドライブに行こうということになり、東松浦半島の名護屋城跡から伊万里へ、八木、野依、瀧川、中西、中山隊員に私の六名が朝から車で出かけた。東松浦半島の突端、鎮西町で豊臣秀吉が朝鮮出兵のため、一五九一（天正一九）年わずか五カ月で築城した名護屋城跡を見る。人は歴史をつくり、歴史は人を評価する……が、当時三〇万の兵が布陣したこの城跡に、秀吉がいま立てばどう思うだろう。

このあと呼子へ行って名物の「いか丼」を食べ、伊万里に寄ってから宿に戻った。

このところ気がかりなことが起き出した。体の調子がよろしくないのだ。食欲はまだあるのだが、昼、夜の頻尿、体重の減少など五年前の阪神・淡路大震災の時に患った糖尿病の時と様子がよく似ている。あれから五年たち、それなりに気をつけてきたつもりだが、注意が足りなかったのだろうか。災害は忘れた頃にやってくるということか、指宿《いぶすき》ゴールまでこのままなんとかもてば、夏休みにしっかり治療もできる。二日後に来る節子にテス・テープ（尿糖試験紙）を買ってくるよう電話で頼み、主治医の松井先生にEメールで状況報告をした。

ワールドマーチのシューズ工場を見学

二〇〇〇年五月一九日（金）晴　福岡県・久留米市役所から佐賀県・佐賀市役所へ　三〇キロ

太宰府から福岡に寄ったあと、南に筑紫野、小郡へと歩き、一七日久留米に着いた。久留米絣《がすり》の町、工業の町、そして芸術の町。この町で生まれた夭折の画家・青木繁のあの「海の幸」、坂本繁二郎の「放牧三馬」が石橋美術館で観られる。

一七日の午後は、私たちの足を守るワールドマーチ・ウオーキングシューズの製造元、月星化成（株）本社工場で、製造工程を見学した。最新のハイテク製造ラインから生産されるのだろうと思いきや、驚いたことに大半の工程が昔ながらの熟練の人たちの手作業で行われていた。作業をよく見ると、機械では出し得ない手づくりの良さがわかった。素材の革の裁断でも、革の微妙な厚みやなめしの方向を見分け一足分ずつ均一に行うなど、工程の一つひとつに付加価値の高い商品づくりをめざす心意気とこだわりがあり、円熟の域に達したハンドクラフトを見る思いがした。

私たちにとって靴はいのちだ。私も二足を手入れをしながら交互に履き、すでに八〇〇〇キロ近くお世話になっている。私たちのピカピカに磨かれた靴を見て、工場の皆さんは一様に「スゴイ！」とおっしゃってくれた。磨きがいもあるというものだ。

今朝、市役所から月星化成本社までの約二キロのコースは、白石勝洋久留米市長、月星化成・植松敏明社長が見送りウオークに参加された。本社前沿道では一〇〇〇人を超す月星の皆さんから激励をうけ、佐賀市へと向かった。

＊４０４日目　延べ７８１２キロ　北緯３３度１５分　東経１３０度１８分

古傷が出てしまった

二〇〇〇年五月二一日（日）晴　佐賀県・佐賀市役所から北方町役場へ　二八キロ

松井先生から折り返しＥメールが届いた。「旅先で心配だろうが状況を聞く限り、糖尿病と考えられる。指宿《いぶすき》ゴールまで引っ張るのは危険。遅くなるほどあとのケアが長引く」という主旨だった。夕刻着いた節子が持ってきたテス・テープ尿検査の結果は「プラス＋＋」の危険域。しかし毎日歩いて体力がついているためか、緊張があるためか、疲労感はそれほどない。これが救いかもしれないが、かえって危ないのかもしれない。

「四月に、〈しまなみ〉で会ったとき、少し細くなったようだけど大丈夫？　と訊いたら心配ないと言ったのは本当だったの？」と妻に痛いところを突かれてしまった。

指宿まで行きたいのはやまやまだが、少なくとも五日後の五島列島と平戸だけは何としても行きたい。残りの熊本〜鹿児島間は列車でも車でも来たことがあるので、とにかく離島ウオークを終えて大阪に帰る旨、松井先生に連絡をとった。
＊４０６日目　延べ７８５０キロ　北緯３３度１２分　東経１３０度０４分

ムツゴロウのいる町

二〇〇〇年五月二三日（火）晴　佐賀県・鹿島市役所から太良町役場へ　一六キロ
昨夜は、一八一二年一月二五日伊能忠敬が地図作成のため泊まった鹿島市本町の旅館・諸国屋に、私たち本部隊も宿泊した。宿縁とでもいうべきか、七代目の当主・志田進さん（六七）は大の伊能通で忠敬のファンだ。ロビーには「測量日記」のコピーや伊能関係の書籍がずらりと並ぶ。忠敬が一八八年前に天測をしたという裏庭で、私たちもＧＰＳで緯度・経度を測り偉業を偲んだ。
この日は、国道二〇七号を西へ。鹿島の市街から約五キロ、昔のたたずまいが残る長崎街道の肥前浜宿では、待ちかまえる地元の皆さんから和菓子に新茶、地酒の歓迎までうけた。このあたりから有明海が見渡せる。恵みたたえる不知火の海は魚介類の宝庫、母なる海ともいわれる。

「月の引力が見えるまち」という標識を見かけたが、有明海のスターはなんといってもあのユーモラスなムツゴロウだろう。この夜、珍品ムツゴロウの甘煮が食卓に姿を現した。ドジョウをもう少し平べったくしたような体長一〇センチほどの真っ黒な姿だった。近年棲息が減りつつあると聞き、少々複雑な思いで箸をとった。

＊４０８日目　延べ７８８６キロ　北緯３３度００分　東経１３０度１０分

二〇〇〇年五月二五日（木）晴　長崎県・諫早市役所から長崎市役所へ　三〇キロ

昨日から長崎県入りをした。今年は「日蘭交流四〇〇周年」の節目の年にあたり、地元ではさまざまな行事やイベントが来春まで催されるという。わが国で最も半島や離島の多いこの県の海岸線は北海道のそれよりも長いと言われるが、伊能忠敬は一八一二年一〇月から翌年九月まで約一年にわたって、苦労してこの地の測量を行っている。

この日は朝から快晴、午後には三〇度近くまで気温が上がる夏日となった。諫早市から多良見町を通り国道三四号を主に旧道や起伏のある上り下りを歩き、長崎市役所まで三〇キロのコースだった。午前中は右手に大村湾を眺めるゆるやかな上りだった。それでも汗をビッショリかいた。私は体調が心配なこともあり午後からはお駕籠（車）に乗ることにした。

一五時五〇分、長崎市役所での到着式を終え、あわただしく長崎港からフェリーに乗り福江に向かう。

船内で夕食をとり三時間あまり、九州の最西端・五島列島の忠敬ゆかりの地、福江港に着いたのは二〇時三〇分過ぎだった。明日より福江から平戸、再び長崎へと、船とバスを乗り継ぐ離島ウオークが始まる。

＊410日目　延べ7952キロ　北緯32度44分　東経129度52分

離島ウオーク　坂部貞兵衛の墓と天測の碑

二〇〇〇年五月二六日（金）雨　長崎県大会（I）福江市内　一五キロ

九州の最西端、五島列島・福江市は長崎から西に約一〇〇キロの町で、地図で見るともう韓国が近い。ここから二〇〇キロほど西に済州島がある。ずいぶんと遠くへ来たものだ。測量隊が一八一三年七月にこの島を測量中、忠敬の右腕とも言われた腹心の坂部貞兵衛が不慮の病（チフス）に倒れ、ここで四三歳の生涯を閉じた。忠敬は悲嘆にくれ、時の藩主・盛繁も貞兵衛の死を悼み、三日間市中の歌舞音曲を取りやめさせたと伝えられている。市内の宗念寺に坂部貞兵衛の墓（市指定文化財）がある。

この日の朝、宗念寺で墓前供養が行われた。墓を建てたとされる旧五島藩士ゆかりの貞方典さん（七一）や、伊能忠敬から七代目夫人・伊能陽子さん（六五）らが参加した。そして貞兵衛から忠敬に宛てた最後の手紙など書簡一〇通が、伊能家から福江市に贈呈された。

時折大粒の雨。「貞兵衛が亡くなった時も大雨だった。平成のいま、ご縁の深さを思い嬉し涙を流していることと思う」と導師が挨拶された。「貞兵衛からの手紙を読むたびに胸を痛めていた。長年立派に供養されており安心した」と伊能陽子さん。一八七年ぶり、縁ある人々がこの地に集い、無事に供養を終えた。

このあと宗念寺から鬼岳に登り市役所にゴール。市内の浜町には「伊能忠敬天測之地」と、かすかに読める黒ずんだ古い石碑が建っている。碑の横の木の太さからして当時のものだろうと思う。仮にいま二カ月ほどこの島で、私たちが島の人々と一緒に測量をやったとして、仕事が終わったとき、果たして碑が建つだろうか？

わが国の西の果て、福江でこのような供養と石碑に出会い、つくづくと人々の出会いの妙、時空を超えた歴史の重みを感じてしまう。

鬼岳の昼食では「五島歩こう会」の皆さんが、うどんとカツオのタタキで歓迎してくれた。思わぬご馳走に舌鼓をうった。離島ウオークの初日が終わり、福江港から高速船で三時間、今度は北北東へ一一〇キロの平戸へと移動した。

＊４１１日目　延べ７９６７キロ　北緯３２度４１分　東経１２８度５０分

雨の平戸

二〇〇〇年五月二七日（土）雨　長崎県大会（Ⅱ）平戸市内　一〇キロ
一〇時、二八〇人が元気に平戸文化センターを出発、雨と霧にかすむ平戸の町を歩いた。途中見た石造りのオランダ橋、ザビエル記念聖堂尖塔と光明寺の対比など印象深かった。この町は雨が似合う。
＊４１２日目　延べ７９７８キロ　北緯３３度２２分　東経１２９度３３分

二〇〇〇年五月二八日（日）晴　長崎県大会（Ⅲ）長崎市内　二〇キロ
昨日はウオークが終わるやバスで三時間、再び長崎まで戻るというめまぐるしいスケジュールだったが、心に残る福江・平戸のウオークを無事に終えることができた。
きょうは朝から快晴、県大会の三日目である。出発式で伊藤一長崎市長の「きょうはぜひ寄り道してわが町の情緒や歴史にふれてください」という歓迎の挨拶のあと、出島広場を出発、グラバー邸から眼鏡橋、シーボルト記念館、平和祈念像を経て浦上川沿いに出発地点に戻る観光ウオークを、約四〇〇人の参加者が楽しんだ。
＊４１３日目　延べ７９９８キロ　北緯３２度４４分　東経１２９度５２分

大阪で治療をうける

二〇〇〇年五月二九日〜六月一六日　大阪に一時帰休、治療をうける

もう長いあいだお世話になっている私の主治医・松井保憲先生は私の体をよく知っておられる。何かあると「かけこみ寺」のように飛び込むのだが、いつも適切なアドバイスと治療をしていただける。今回も急遽大阪に戻り、状況を報告し採血や諸検査の結果、非常に不安定な糖尿病状態にあることがわかったので、六月一六日までの一九日間、治療に専念した。先生と今後の治療法について真剣に相談した。

要約すると次のようである。

1　速効型インスリンの小単位投与／投与量については医師の指示による

2　運動量の個別化／朝・昼・夕食後五キロ程度の歩行実施

3　食事の個別化／旅館の食事以外に野菜や豆腐などを取り入れバランスのとれた食養生

4　血糖値の測定と記録／定期的な連絡の実施

右のような治療を一九日間、大阪で実施した。わずかながら体重も増え、血糖値も改善され体調も回復のきざしが見えだした。五年前の阪神・淡路大震災のときも現地で治した経緯は先生もよくご存じだ。適切な運動と食餌療法は不可欠なので大阪で治療するのが望ましいが、今回の事情を考慮して、この治療法を忠実に行うなら伊能隊に復帰してもよいということになった。

ツルの訪れる町

二〇〇〇年六月一八日（日）晴　鹿児島県大会（Ⅰ）出水市内　一二キロ

二日前の六月一六日ようやく伊能隊に復帰した。

鹿児島県の北西端、出水市は北の国からツルが訪れる町だが、このところ暖冬のせいかツルの訪れが減っていると聞いた。

この日は鹿児島に住む長男一裕・ひとみ夫婦や浜崎家の仁パパに麗子ママ、サーチャンこと前畠貞子さんらファミリーが集まった。私の体調を案じて駆けつけてくれたのだ。

松井先生と約束したことを目下のところは忠実に守っている。お陰で少しずつだが体調は良い方に向かいつつある。

＊４３４日目　延べ８３９７キロ　北緯３２度０５分　東経１３０度２０分

二〇〇〇年六月二〇日（火）晴　鹿児島県・阿久根市から川内市へ　三九キロ

きょうは薩摩路で最も長い三九キロ。「泣こかい、跳ぼかい、泣こよかひっ跳べ」（やろうか、やるまいかと悩む時は、まずやってみよ）と聞かされて育った薩摩おごじょは強い。鹿児島歩こう会の七割が女性と聞いていたが、確かにこの日歩いた会員も七割近くが女性だった。

コースリーダーを務め御用旗を持った前園良子さん、アンカー役の餅原潤子さんのほか、沿道随所の交通整理もほとんどが女性だった。道中は長かったが、女性らしいきめ細かさや懐の深さ、芯の強さが印象に残った。ほかの地域では女性がこれだけ活躍している光景はついに見なかった。

＊４３６日目　延べ８４５８キロ　北緯３１度４８分　東経１３０度１８分

六月二三日、鹿児島県の西側、ＪＲ鹿児島本線に沿い鹿児島街道（国道三号）を南に伊集院町から鹿児島市まで歩き、午後ここから船で屋久島へと向かう。

伊能忠敬の測量最南端の地は屋久島だった。伊能ウオークはこの屋久島で県大会を行ってのち、再び鹿児島へ戻り薩摩半島の南端・指宿《いぶすき》市のゴールをめざす。

屋久島の雨と緑

二〇〇〇年六月二四日（土）雨　鹿児島県大会（Ⅱ）屋久島・上屋久町内　一五キロ

世界遺産に指定された屋久島は鹿児島からおよそ一二〇キロ、南の海に浮かぶほぼ円形の島である。淡路島より少し小さめで、島の周囲は約一三〇キロ。中心に標高一九三五メートルの宮之浦岳があり、その周りに一〇〇〇メートル以上の山が二〇以上も連なる。冬には山頂で四～五メートルの積雪があり、

屋久島宮之浦川河畔に建つ「伊能の碑」の前で
（左から西川敦子さん、伊能陽子さん、妻・節子、西川隊員）

山間部では年間一万ミリメートルを超す雨が降る。そんなわけで、わが国の北から南にかけて生息する植物が、この島では垂直に分布し生息する貴重な島なのだ。

この日の朝、一八八年前の一八一二年三月この島を測量した伊能忠敬の偉業を偲び、宮之浦川河畔に新しく建立された「伊能の碑」の除幕式が、伊能陽子さんら関係者の出席のもとに行われた。不自由な時代によくもここまで来たものだと思う。

式を終え宮之浦川の上流に向かい歩き出すや、いきなりスコールのような雨。時折やみ、晴れ間と雨が猫の目のように変わる。屋久島は月に三五日雨が降ると言われるが、それだけに緑の濃さ、深さ、鮮やかさはまさに亜熱帯のものだ。雨と緑に圧倒された一日となった。

＊４４０日目　延べ８５３１キロ　北緯３０度２５分　東経１３０度３４分

指宿は遠かった

二〇〇〇年六月二七日（火）曇　鹿児島県・知覧町から指宿市へ　三五キロ

きょうは第Ⅳステージのラストウオーク三五キロである。夜半に降った雨もようやく上がり午後からは晴れ間も出たが、午前中はこの地方名物の霧で一時視界不良となり、悩まされた。昼食タイムの千貫平展望台では一〇メートル先も見えぬほどだった。

ゴール手前五キロで合流した地元の出迎えウオーカーのなかに親戚の渡瀬悦子さんを見つけて妻は大喜びした。一六時四五分、参加の二八六人が元気にゴールの指宿市役所に到着した。ここでまた「畑中一一本部隊員ようこそ指宿へ」と書かれたプラカードを持って、渡瀬家の正道パパと次女の聖美さんが待っていてくれた。一月二七日大阪出発以来一五三日、三〇〇七キロを完歩した最も長いステージ、途中で体調を崩したこともあり指宿は遠かった。昨年一月の東京出発からは延べ八六〇一キロを踏破、全行程の七八パーセントを無事終了した。ステージ隊の関谷さん、小川さん、小野寺夫妻、鈴木喜代子さんの五名は指宿までやってきた。ここまできたらめざすは当然東京だと言われる。大阪から参加の笠井実さん、前川武毅さんご苦労さまでした。

佐賀県から参加した節子も、私のために一時中断したがどうにか完歩できた。

この夜指宿市・なのはな会館で田原迫要指宿市長の「今夜はゆっくりと温泉で長旅の疲れを癒してください」との歓迎の挨拶を皮切りに、盛大に指宿ゴールのセレモニーが行われた。

二年目の今ステージは「再会ウオーク」だった。昨年出会った人たちが、今年思い思いの地で再び伊能ウオークに参加し、行く先々で小さな幼稚園児からお年寄りまで巻き込んだふれあいの輪が広まった。数々のドラマも生まれた。伊能ウオークに魅せられた人の輪が各地で広がり、うねりとなりつつある。

このあと夏休みをとり八月二四日、沖縄・名護市から二〇〇一年元旦の東京ゴールをめざすラストステージを迎えるが、それまでの約二カ月間は治療に専念し、ベストの体調に仕上げたい。

＊４４３日目　延べ８５９１キロ　北緯３１度１５分　東経１３０度３８分

第Ⅳステージも終わり夏休みに入った。東京出発以来一年半、歩きに歩いた八六〇〇キロも終わってみれば、長いようで短い。

今回わが国の海岸線を八割近く歩いてみて改めてつくづく感じたのは「伊能忠敬はすごい！」ということである。二〇〇年前の足跡が、全国各地にまだまだ残っている事実を見てそう感じた。

<第５章>

第Ⅴステージ　名護―東京

２０００年8月24日～２００１年1月1日　１３１日間２４３９キロ

静岡県薩埵峠にて（筆者と妻・節子）

この夏は沖縄サミットとの調整もあり、伊能ウオーク始まって以来の長い休暇となった。私にとっては天の恵みだったかもしれない。主治医と連携をとってしっかり回復につとめたお陰で、毎日歩く習慣も途切れることはなく、休みの終わりには松井先生も驚くほど復調した。

とはいえ、休みの当初は家にいても街へ出ても何となく違和感を感じ、どことなく落ち着かない。何かの用でネクタイにスーツなど着たりすると、自分ではないような気になってしまう。変わればものだ。わずか一年半前まではスーツが仕事着で、夜遅くまで街を徘徊することが常だったのに。

日常と非日常が伊能ウオークで逆転したのだ。私にとっていまの日常は少々暑くても雨が降っても歩く毎日であり、わが家やわが町での生活は、非日常の世界なのだ。

日常の側で暮らす人々に、非日常の伊能ウオークの話をすると、興味をもってくれる人も結構いらっしゃる。二〇〇年前、伊能忠敬が歩んだ第二の人生も、やはり非日常の世界だったのだろう。そして非日常の側から日常を見ることによって、いろいろな新しい発見がある。

沖縄・名護市に集結

二〇〇〇年八月二三日（水）晴　いよいよ第Ｖステージ

午後三時、ふるさとや思い思いの地で夏休みを過ごした本部隊員の仲間たちが沖縄・名護市の宿舎に集結した。私は妻・節子と町内の歩き仲間・倉田善子さんとともに、伊丹空港九時一五分発ＡＮＡ九一一便で那覇へと飛び立った。沖縄に近づくにつれ、窓から見える小さな島のまわりに白い砂、エメラルドグリーンの海が広がる。およそ二時間、一五〇〇キロの距離を飛んで一一時一五分那覇空港に着いた。空港のロビーを歩きながら、ここから歩いて関西を通るのは約九〇日後の一一月下旬だと改めて思った。

飛行機で二時間の距離を九〇日かけて歩く。こんなにゼイタクで非日常的な感動やドラマを味わう旅があるだろうか。

二〇〇一年元日東京ゴールをめざす、一三一日間・二四三九キロの第Ｖステージの幕開けだ。

二〇〇〇年八月二四日（木）晴　沖縄県大会（Ⅰ）名護市　一三キロ

第Ｖステージの初日は朝四時半起床、五時半朝食、六時宿舎を出発。炎暑を避けるための早朝ウオークで始まった。名護市は七月に開催された九州・沖縄サミットの中心地だった。

二一世紀の森ビーチで行われた開会式で、江橋愼四郎実行委員長から「サミットでは名護から世界に訴えた。伊能忠敬の測量は屋久島までしか来なかったが、平成の伊能ウオークは忠敬を超え、初めて歩くこの沖縄から二一世紀に向け発信、元気にゴールしよう」と激励をうけた。ステージ隊やエリア隊も第Ｖステージから新しい人が増えた。水戸市の川上清さんも沖縄を歩きにやってきた。

出発会場から「ヤンバルクイナ」の棲む名護岳を周遊する林道往復の一三キロコースに、地元の人や全国からの参加も合わせ一一五人が参加した。やんばるの原生林をたっぷり楽しんだ。山上から名護ビーチを一望。砂の白さ、海の青さ、海から吹く風の心地よさを存分に楽しんだ。

山を下りたゴールでは「暑かったでしょう」と名護市と観光協会がバーベキューで大歓迎してくれた。焼き肉もたっぷり、地元オリオンビールでノドをうるおし、参加者は大喜びだった。
＊４４４日目　延べ８６０４キロ　北緯２６度３５分　東経１２７度５８分

読谷村から

二〇〇〇年八月二八日（月）晴のち雨　沖縄県・読谷《よみたん》村役場から北谷《ちゃたん》公園グランド（北谷町）へ一六キロ
一回だけスコールのような強い雨にあったが、あとは毎日晴れ。昼頃になると大阪のように太陽が斜め上からでなく、真上から射るように強い日差しを照りつける。しかし意外なことに気温は連日三二度を超えない。木陰に入れば涼しい。これが海洋性気候のありがたいところだ。山というほどの山もなく、丘も木も畑も亜熱帯そのもの。地図で見ると沖縄諸島は意外と広い。東西四〇〇キロ、南北八〇〇キロのなかに、大小一五〇の島々があるのだ。那覇の緯度は北緯二六度一二分、大阪が三四度三八分だから約一〇〇〇キロも南にあり、それだけ赤道に近い。

畑にはパイナップルやパパイヤ、石川市の石川には背丈二メートルほどのマングローブも生えている。晴れて青空が広がると、海の浅瀬がエメラルドグリーン、沖がコバルトブルーに輝き出す。途中で寄った史跡「万座毛」の崖に立つ。幾重にも張り出す海底の岩礁やサンゴ礁を深くまで透き通す海のこの碧さはどうだ。沖縄の海を心ゆくまで満喫した。

昨日の午後、広大なサトウキビ畑のなかに、オレンジ色の羽を広げたように建つ大ホールのような読谷村役場に着いた。人口三万六〇〇〇人、三五平方キロを有するわが国で二番目の大きな村だが、サトウキビ畑のすぐ向こうは米軍の「嘉手納基地」だ。

あえて基地の横、畑の真ん中で、ここからは一歩も引かぬと立ちはだかるようなこの庁舎は、自主独立を願うこの島の抱える歴史と苦悩を象徴するかのようだ。

到着式のあと役場のまわりを二キロほど歩いてみた。緑の穂が風にゆれ視界いっぱいに広がるサトウキビ畑が何処までもつづく。戦争で逝った顔を知らない父を畑のなかで追憶する森山良子が歌う反戦歌、「さとうきび畑」の世界だ。

今朝は、昨日まで公務で不在だった安田慶造村長から「遠く沖縄までやって来るこの伊能隊を、初めは物好きなと思ったが、よく聞けばこれはただ事ではない。皆さんの顔を拝見して、これまたただ者ではない。この読谷、この沖縄を存分に見届けてほしい」と激励をうけた。

このあと国道五八号を南へ。有刺鉄線が長くつづく嘉手納基地をこの目で確かめ北谷町まで歩いた。

＊448日目　延べ8667キロ　北緯26度18分　東経127度46分

二〇〇〇年八月二九日（火）一時雨　沖縄県・宜野湾市から那覇市へ　一四キロ

那覇市は、われらが本部隊の最年長・八木元市隊員（七七）のふるさとだ。二四日の名護市以来、各地での大歓迎に私たちはうれしい悲鳴を上げている。この日は正午、雨のなか那覇市役所に到着した。玉城正一助役からねぎらいの歓迎と花束が、つづいて鏡原幼稚園の可愛い子供たちが「エイサー踊り」で郷土の先輩八木さんを激励。感激いっぱいの八木さんは思わず園児を大きなお腹の上に抱き上げ、ありがとうと何度も頭を下げた。少年のような嬉しそうな顔だった。

＊449日目　延べ8681キロ　北緯26度12分　東経127度40分

那覇の石畳

二〇〇〇年八月三〇日（水）一時雨　沖縄県大会（Ⅱ）那覇市内　一六キロ

台風一二号が沖縄県・石垣島付近に接近、横なぐりの風と強い雨が断続的に降る。この時期、沖縄は台風銀座となるが、木造の家はほとんど見当たらず、低い屋根の石やコンクリート造りの風対策を施した家屋が建ち並ぶ風景は、本土といささか異なる。少々の風雨なら家も人も、みな悠然とやり過ごすくらいの肝っ玉がすわっているみたいだ。

この日はぐずついた空模様の下、県庁前・県民広場から王陵、首里城跡などを巡る往復一六キロコースだ。サミットの影響もあってか六年前に二度ほど訪れた頃よりは、街も街路も首里城周辺もずいぶんと整備され美しくなっていた。城跡から下りる石畳の旧坂道は、特に風情があった。雨にうたれた敷石のあいだに生えた青草が濡れて光る。足許はあやうかったが、すり減った敷石の一つひとつ、窪みや石面に息づく緑の苔に、遠いはるか琉球王朝の息吹が、戦火を越えていまも生きている。

＊４５０日目　延べ８６９７キロ　北緯２６度１２分　東経１２７度４０分

沖縄から鹿児島へは、三一日朝からフェリーで一昼夜かけ九月一日の朝着いた。途中与論島や徳之島、奄美大島など南の島々に寄り、客の乗降やコンテナ積み降ろしのわずかの時間だったが、港の景色や島の様子を船から眺め、退屈することなく時を過ごした。

白銀坂を下る

二〇〇〇年九月三日（日）晴　鹿児島県・鹿児島市から加治木町へ　二六キロ

きょうから東京に向け復路が始まる。もうすぐ一五〇回のスーパーウオーカー、西川隊員夫人・敦子さんも薩摩路から参加した。「この二年間は何物にも代え難い……」と伊能ウオークに情熱を燃やし、参加レコードを更新中だ。

私事になるが、朝の出発式で妻の節子も五〇回のスーパーウオーカーの表彰をうけた。またこの町に住む長男一裕・ひとみ夫婦から鹿児島出発のはなむけにと私たち夫婦に花束をもらった。彼らもゴールまでの二六キロに挑戦した。市内を出て錦江湾と噴煙あがる桜島を眺め、途中からアップダウンの激しい旧街道「高岡筋」を通り、東の加治木町まで、一九二人が歩いた。

二〇キロ地点で標高差三〇〇メートルの石畳を一気に下る歴史の道「白銀坂」は、一九〇一（明治三四）年鹿児島〜国分間の鉄道開通までは薩摩と日向を結ぶ大動脈で、南九州の歴史の変遷と節目、節目に大きな役割を果たしてきた。

坂の下で、きょうから三日間、郷里の福山町まで歩くという神奈川県鎌倉市の西村慶子さん（七六）と一緒になった。ナギナタを持ったらビシッとキマリそうな淑女で、坂のふもとは士族の実家代々の地で、娘時代はこの坂をよく上り下りしたと懐かしんだ。ゼッケンには「老秋虎、我也参加、関ケ原」の漢文が書かれていた。今年は関ヶ原合戦から四〇〇年、敵中突破の武将・島津義弘公のイベントをゆかりの地で開催中だが、伊能ウオークと先祖の墓参を兼ねることができ本望、「昔の薩摩では内のことは女に、男は外でドーンと構えろといわれたもの。西郷どんも薩摩おごじょが育てあげた」という。虎の意味は？と尋ねたら「ウフフ、虎に見えますか？」といなされたが、老秋虎は残暑をさすらしい。ここにも薩摩おごじょ健在なりだ。

＊４５４日目　延べ８７３７キロ　北緯３１度４４分　東経１３０度３９分

第Ⅳステージの九州路は、福岡から長崎・熊本と西ルートを南下して鹿児島県に入ったが、第Ｖステージは沖縄から鹿児島に戻り、東ルートを宮崎・大分から福岡県へと向かう。西ルートは東シナ海に面し長崎・熊本県の半島や大小さまざまの島が入り組んだ複雑な地形だったが、東ルートはストレートに日向灘から豊後水道へと延びる海岸線を北上する。伊能忠敬は一九〇年前の一八一〇年第七次測量で、この東ルートを福岡から鹿児島へと南下したが、私たちは逆に北上し、行く先々で忠敬の足跡に出会う。

明道小の児童と

二〇〇〇年九月七日（木）晴　宮崎県・都城市役所から山之口町役場へ　一四キロ

昨日は輝く大きな夕日を浴びて郷土太鼓が鳴り響くなか、岩橋辰也都城市長はじめ二〇〇人を超す市民の熱烈歓迎をうけ宮崎県入りしたが、今朝もセレモニーが盛りだくさんで、出発式会場の市役所前広場は昨日を超す人の山で埋まった。

その一。市立明道小学校の生徒三五〇名と本部隊との交流会。これまでも三重・福岡県下で交流を行ったが、全校生徒と行うのは宮崎県が初めて。明日も隣町・山之口町の小学校で予定があるが、今日は野依・瀧川・中山隊員がゲスト。野依隊員は元中学校長で、話のあった二カ月前から学校側と交渉と準備を重ね実現した。ヒゲがトレードマークの瀧川隊員も元教師、中山隊員は伊能忠敬研究会のメンバーと多士済々だ。伊能忠敬や伊能ウオークの体験を生徒たちに話しだすと、はじめは緊張気味だった児童たちも徐々にリラックス。鋭い質問もポンポン飛び出して盛り上がり、実際に歩いて見てきた隊員の話は何よりの生きた教材となったようだ。未来を託す子供たちに、伊能ウオークの種を蒔くこうした活動も、私たちにとって大切な仕事の一つだ。

その二。いよいよ出発。天龍幼稚園の可愛い園児一五〇名を先頭に、私たちや参加ウオーカーも列のなかに入って手をつなぎ話をしながら市内を約三キロ行進。商店街アーケードの両サイドからは、園児に割れるような拍手と大きな声援がとぶ。先生や家族、地元の見送りの人たちと和気あいあい歩き、四〇分後の別れのときは涙をうかべ泣き出す子もいた。行く者にも見送る側にも、短いふれあいのなかに、何かが生まれたのだ。町角を曲がり見えなくなるまで手を振る園児たち。つないで歩いた小さな手の温もりを、ほのぼのと感じつつ、都城をあとにした。

＊４５８日目　延べ８８０８キロ　北緯３１度４６分　東経１３１度０９分

須美江海岸とウクレレと一〇の瞳

二〇〇〇年九月一八日（月）晴　宮崎県・延岡市役所から延岡市須美江海岸へ　二四キロ

延岡市はシドニーオリンピックに八名の選手を送り出している元気印《じるし》の町である。

出発式では桜井哲雄市長の粋な計らいで、激励のかけ声は金髪の美女、海外との交流職員クラウディアさんの「レッツ・ゴー」で始まった。つづいて市役所前大通り車道を、救急車の先導で、「さくらんぼ幼稚園」園児三二名の鼓笛隊と伊能ウオーク隊が約四〇〇メートルパレードした。この演出は直前まで内密だったが、沿道は元気で可愛い園児を一目見ようと人、人の山。

市内を抜け国道一〇号に出て北川を渡ってのち、旧林道を歩き追内町からゆるやかな坂を五キロほど上り、標高二二〇メートルの峠にたどり着く。ここから東の眼下に白波と岩礁がつづくリアス式海岸の日向灘が一望できる。視界が良ければ海を隔て四国・愛媛県が見えるという。峠を下りて六キロ先の休息地・浦城小学校では生徒の演舞、さらに五キロ先の夕焼けに染まるゴールの須美江海岸では、須美江小学校全校生徒五名、一〇の瞳がウクレレ演奏で素晴らしい歓迎をしてくれた。お返しにと皆で歌いだした「ふるさと」にウクレレで伴奏。心なごむ美しい光景だ。目をうるませ頬に涙をつたわせ歌っている人もいる。澄んだ海をながめ、先生や友と心をたっぷりかよわせて育つこの子たちの六年間は、これからの未来に光り輝くのではないか。

きょう一日、初秋の日向灘ウオークは、子供たちの真心にふれた忘れがたい日となった。
＊469日目　延べ8988キロ　北緯32度39分　東経131度46分

石仏と関アジ

二〇〇〇年九月二七日（水）晴　大分県・臼杵市役所から佐賀関町役場へ　二二キロ

昨日は午後二時三〇分に、臼杵市役所に着いた。夕方まで時間があり、誰ともなく「石仏を観に行こう」ということになり、駅前からバスに乗り、急いで石仏を観に行った。

ウイークデーの遅い午後とあって人も少なく、一〇〇〇年の風雨に耐え岩肌に彫られた六〇余体の国宝・臼杵の磨崖仏をゆっくり鑑賞できた。なかでも修復なった大日如来像の、端正で慈悲に満ちた表情に一目会えただけでも来たかいがあった。

今朝七時の気温は一八度、一〇日ほど前より約一〇度も低くなった。この日は臼杵湾、豊後水道を右手に見て国道二一七号を佐賀関町へ向かう。

視界もよく海の東に四国・愛媛の山並みが見える。この豊後水道は、国東半島と愛媛側から西に張り出した佐田岬にはさまれ、黒潮と瀬戸内の海流、さらに関門海峡を通って玄界灘の寒流も加わる格好の漁場である。ご存じここで獲れる関サバ、関アジはつとに名高い。旬にはまだ少し早いが、夜は宿の女将の心づくしの、関アジのさしみに舌鼓をうった。

＊４７８日目　延べ９１４１キロ　北緯３３度１４分　東経１３１度５２分

愛媛街道と海の道

二〇〇〇年九月二八日（木）晴　大分県・佐賀関町役場から大分市ＪＲ坂ノ市駅へ　一四キロ

この日は距離こそ短かったが歴史と見どころのあるコースだった。朝の出発式では佐賀関小学校五・六年生の鼓笛隊に見送られ、佐賀関町役場を出発した。町内を通り抜け海沿いのサイクリングロードを約五キロ、国道一九七号の「道の駅・佐賀関」まで歩いた。秋の陽を浴び澄んだ海、木陰や岩場をつたい磯の香りを胸いっぱい吸った潮騒ウオークは、体のすみずみまでオゾンがいきわたる心地がして、爽やかだった。

道の駅を過ぎて少し山手の旧道「愛媛街道」を四キロ、上り下りのある木陰の多い心なごむ小道を歩いた。大分県で愛媛街道というのも解せないが、国土地理院の五万分の一の地図にもちゃんと記載してある。そう言えば伊予銀行の支店を佐伯市や臼杵市内でも見たし、土地の人に聞いても豊後と伊予をつなぐ豊後水道は古くから一衣帯水、船の行き来が人や物、文化を運ぶ「海の道」だったのだ。現在と違い、海上交通が主流だった江戸以前の事情を考えるとよくわかる。

昼休みはすぐ近くの教尊寺。この寺には一八一〇（文化七）年二月一六日以降、近くの旧家に三泊、忠敬が測量のため宿泊している。泊まったという書院や当時の記録を見学、地元婦人会の皆さんの心づくしの手づくりの昼食をいただいた。

＊４７９日目　延べ９１５５キロ　北緯３３度１３分　東経１３１度４５分

八〇歳の現役

二〇〇〇年九月二九日（金）晴　大分県・大分市ＪＲ坂ノ市駅から大分市役所へ　一六キロ

大分県別府市に住む元気印の名古田トミ子さん（八〇）が、臼杵市から連続三日間参加している。八〇歳以上の女性の連続参加は初めてだ。持ち前の人あたりの良さと、回転の早い巧みな話術に人気沸騰し、名古田さんのまわりに人の輪ができる。五七歳のときガンで胃を切除、それを契機に歩き始めたという。ウオーキング歴二〇年余、四国遍路一〇回の実績をもつ、はつらつの現役ウオーカーだ。

長らく神戸におられ、関西ウオーキング界の草分け的存在でもあるが、指先なしの手袋を一晩に何枚も編み隊員に贈る優しいおばあさん。手話を解し、通訳までするという。こんな人生の大先輩との出会いがあるのも伊能ウオークならではだろう。

＊４８０日目　延べ９１７１キロ　北緯３３度１４分　東経１３１度３６分

再び関門人道トンネルを

二〇〇〇年一〇月八日（日）雨　福岡県・北九州市小倉城から山口県・下関市運動公園へ　三三キロ

昨日で九州路の全日程が終わった。きょうは名残の雨か、夜半から強い雨が降りだした。海峡のトンネルをわたり下関運動公園までの三三キロ、県境越えとあって二七〇人が参加した。出発式から一一時頃までは小降りになったがそれ以降はまた土砂降りに。小倉城から門司球場、七つ石峠を経て東側の周防灘に面した海岸線を壇ノ浦へと進むにつれ、傘の骨が折れ曲がるような強い風と雨が吹きつける。

関門海底トンネル門司側入り口に着いたときは、もうずぶ濡れもいいとこだった。雨のなか、九州路の最後とあって鹿児島でお世話になった鹿児島ウオーキング協会の皆さんたちも大勢歩いてくれた。なかでも九州路を全区間歩き通した餅原潤子さんや、肥後みつ子さん、毎土・日の休日に鹿児島から夜行バスで追っかけ、見送り参加をつづけ、郷土料理を差し入れてくださった前園良子さんら薩摩おごじょ数人と、私たちは海底トンネル内の福岡〜山口の県境でお礼と再会のかたい握手をかわして、本州側に渡った。トンネルを出て一七時、下関市早鞆高校生の演奏する「平家太鼓」に迎えられ、雨の疲れも吹っ飛び、夕闇せまる運動公園に無事ゴールした。

＊４８９日目　延べ９３５５キロ　北緯３３度５７分　東経１３０度５６分

豊田町の人々

二〇〇〇年一〇月一〇日（火）晴　山口県・豊浦町役場から豊田町役場へ　二三キロ
下関から北に四〇キロの豊田町は、三〇年来の親友・伊藤修二さん（五六）の故郷だ。今春四月には広島市内を伊藤夫妻と一緒に歩いたが、きょうは私たちの到着を町の入り口で待っていてくれた。彼は私が仲人した第一号だが、いまやこの町の名士、ゲンジボタルの育成や保護に長らくかかわり、町の歴史の調査や保存にも欠かせない存在となっている。

到着式では町から、彼が編纂した町の歴史の本の贈呈をうけた。

さらにエリア隊で下関市から参加している千葉県東金市の山口英利さん（六七）と千葉市の岡本清さん（六七）はともに豊田町出身で同級生だという。二年前四〇年ぶりの同窓会で趣味が歩くこと、伊能ウオークが故郷を通ると知って、「二人で歩こう」と約束し、五月の山陽路に参加した。一〇月に地元・豊田町を通るときは「クラスメートと歩く同窓会をぜひやろう」と二人で準備。待望のきょう、町の入り口で出迎えた西市小学校同窓生一一人と感激の再会をし、念願の同窓会ウオークを果たした。しかし縁とはどこでつながるかわからぬものだ。下関・ふぐ料理「稲荷茶屋」の女将が彼らの同級生で、しかも伊藤さんの姉さんだったとは。下関で名物「ふぐ」をご馳走になったことはいうまでもない。

＊491日目　延べ9401キロ　北緯34度12分　東経131度04分

中原中也と松田屋

二〇〇〇年一〇月一五日（日）晴　山口県大会（Ⅰ）山口市内　一一キロ

秋日和の半日、県内外から参加のウオーカー二八〇人と、県指定文化財の藩庁門からザビエル記念公園～湯田温泉～亀山公園から県庁広場に戻るコースを、くつろいで歩いた。この街は詩人・中原中也のふるさとで、私たちの宿舎・湯田温泉の近くが出生地だという。清楚な構えの中原中也記念館に立ち寄った。三〇歳で夭折したピュアで感性ゆたかな叙情詩人・中也のセピア色に変色した原稿や資料を閉館まぎわまで観てまわった。好きな「渓流」は見あたらなかったが、「故郷」はガラスケースのなかに陳列してあった。

柱も庭も乾いている
今日は良い天気だ
縁の下では蜘蛛の糸が
心細そうに揺れている
（中略）

これが私の故郷だ
ああ、おまえは何をしに来たのだと
吹き来る風が私に言ふ……

この夜、湯田温泉の老舗「松田屋」で、この町に住む、前述した岡本さんの義妹さんや甥の永茂さんらのご厚意で山口さんと私が招かれ、夕食をともにした。永茂さんは地元の高校の社会科の教師で、伊能忠敬にも造詣が深い。

ご存じの方も多いかと思うがこの松田屋は、三〇〇年以上の歴史をもち、とりわけ幕末から維新にかけて志士たちがしばしばここに集まり、倒幕の密議を画策し、明治維新夜明けの舞台ともなったという。普通ではなかなか入れてもらえぬ中庭に面した奥座敷で、伊能忠敬とウオークを語る夕べとなり、夜遅くまで話がはずみ、湯田の夜は熱く燃えた。

＊496日目　延べ9483キロ　北緯34度10分　東経131度28分

萩往還を越える

二〇〇〇年一〇月一六日（月）晴　山口県・山口市役所から萩市役所へ　三四キロ

この日は歴史の道「萩往還」を歩いた。萩から山口、三田尻（防府市）を結ぶ江戸時代のこの主要街道は萩藩の参勤交代や領内巡視の道としてひらかれたが、最短距離を結ぶため難所も多く標高も高い。幕末には吉田松陰や高杉晋作、坂本龍馬が足しげくこの往還を行き来したというし、伊能忠敬も一八一一年に、この道を歩いている。往還のほぼ中央、難所の一の坂は石畳の急坂がつづく。坂の中腹の旅人が休んだ六軒茶屋跡で休息をとった。ここからさらに標高五一〇メートル近くまで登ると視界がひらけ長州・周防の国境の碑にたどりつく。汗ビッショリになったが、ここから山並みがぐるりと見渡せ、気分は爽快だ。一八五九（安政六）年五月、捕らわれて東送される吉田松陰が、弟子たちと別れた往時をしのびながら峠を越え、夕闇せまる午後五時過ぎ、萩市役所に一九六人が元気に到着した。随所にほどよく整備された石畳の坂道や地道と道標など、昨秋三重県・尾鷲で歩いた熊野古道を彷彿とさせる旧道ウオークだった。

＊４９７日目　延べ９５１７キロ　北緯３４度２４分　東経１３１度２４分

柿本人麻呂の足跡

二〇〇〇年一〇月二六日（木）晴　島根県・多伎町公民館から出雲市役所へ　二九キロ

益田市から日本海に沿い山陰路の動脈・国道九号を東へ進む。起伏のある海岸線はトンネル区間も多く、これを避けるため峠越えや海辺の旧道をところどころ歩くが、これがまた素晴らしい。スピードをあげて走る車の騒音と排気ガス、店や広告の看板から離れて、木々が生い茂り、蜘蛛の巣が残っているほどに人通りの途絶えたかつての道を、落ち葉をさくさくと踏みしめ歩き、登りつめた峠から風に吹かれて海を眺める心地のよさは心がやすらぐ。国道と旧道はわずかの距離しか離れていないのに喧噪と癒し……この隔たりはどうだろう。

　石見のや高角山の木の際よりわが振る袖を妹が見つらむ

柿本人麻呂が上京に際し、妻との惜別の情を詠んだとされる、石見《いわみ》の国境・仙山峠を越えれば出雲路に入り、多伎町から出雲市へと向かう。

神話のふるさと出雲大社がここ山陰の日本海に面しているのは、太古より大陸側からみて、わが国の玄関に位置したからだろうか？　大社から市役所に向かう途中で参道の旧道、竹藪や古い家並みのつづく小道、その名も「天平の古道」を歩いた。

妻の節子がきょうから参加した。東京まで行きたいがとりあえず京都までという。

＊５０７日目　延べ９７７０キロ　北緯３５度２１分　東経１３２度４５分

一年と一〇カ月、きょうを待っていました

二〇〇〇年一〇月二七日（金）晴　島根県・出雲市体育館から松江市役所へ　三二キロ

「一年と一〇カ月、きょうを待っていました……」のゼッケンをつけた出雲市の高橋哲子さん（五〇）は、一〇年前に手術した膝をかばいながら、夫の敬さん（五八）と三二キロを歩きぬいた。昨年からこの日を心待ちにしていたが、医者からの「長い距離は同伴者が条件」を守り、午後からは常備薬の助けも借り念願の完歩を果たした。大阪市の河野卓子さん（七二）、渡辺小夜子さん（六二）も参加し、山陰路のハイライト、コスモス咲く宍道湖畔を一緒に歩いた。

＊５０８日目　延べ９８０２キロ　北緯３５度２８分　東経１３３度０２分

二〇〇〇年一一月二日（木）雨　鳥取県・倉吉市　休養日

三日前から山陰は連日の雨。宿舎の倉吉シティホテルでゆっくり妻と朝食をとっていると、雨のガラス越しに中西一夫隊員（五二）がこちらへ笑顔で軽く合図を送りもう出かけて行く。この人は根っからの旅好きの旅マニア。ウオークが早く終わる日や休養日には、寸暇を活用して、電車やバスを利用して手づくりの旅を楽しむ。目的地へ行く楽しみと、時刻表を駆使して乗り物を乗り継ぐ二つの悦楽をこよなく愛する達人なのだ。

再会を喜ぶ早川倉吉市長と星野晴彦氏
(左から筆者、星野氏、大内隊長、早川市長)

昔、松本清張が若い頃胸を患って入院したとき、ベッドの上で時刻表を見ながら飽きることなく全国を旅し、これがのちの名作「点と線」の伏線となったと何かで読んだ覚えがあるが、全国を旅する伊能ウオークは、すり切れた時刻表を大事に持ち歩く中西隊員にとっても願ってもない格好の機会なのだろう。おだやかでじっくりと、ものを見る目、バランスのとれた感覚と幅広い許容量、男性本部隊員で最年少ではあるが、この人からは何かと学ぶところが多い。

三たび雲の上の人と歩く

二〇〇〇年一一月五日(日)晴　鳥取県大会(Ⅱ)
鳥取市内　一五キロ

鳥取城址前の久松小学校から因幡万葉歴史館を往

復の歴史コースを歩いた。私の古巣、熊谷組の大先輩・星野晴彦氏（七七）が、ゼッケンに「思い出多き鳥取県内を皆さんとご一緒に」とのメッセージを書き、一〇月末の鳥取県入りからきょうまで七日間エリア隊に参加された。

昨秋の大津、今春の瀬戸内・しまなみ海道につづいて三度目だが、もう三五年以上も前、広島支店長時代に造ったトンネルや橋、庁舎や学舎、神社など建造物の足跡と旧知の人々に各地で会えるのを楽しみに来られた。

一日の倉吉市では、雨のなか早川芳忠市長が首を長くして到着を待っておられ、夜は旧知の仲間が集まり話に花が咲いた。四日昼に立ち寄った因幡の白兎海岸・白兎神社では、寄進の大鳥居の前で、神話と古事記の由来を説明された河上祇博宮司さんとも会え、残した作品がそれぞれの地域で根を下ろし、いまも健在で生きていることを確かめ、縁あった人々にも再会がかない、「京都でまた会おう……」と言って午後帰られた。現役の時代から、おいそれと近寄り難いトップと私だが、これもご縁。こうした旅を通じ、幾日かを同じ目線で自然やものを見ながら、出会う人々と会話をかわして歩く。こうしたことも伊能ウオークの魅力の一つだろう。

＊５１７日目　延べ９９７７キロ　北緯３５度３０分　東経１３４度１４分

鳥取砂丘を歩く伊能隊

県境で一万キロ踏破

二〇〇〇年一一月六日（月）晴　鳥取県・鳥取市役所から兵庫県・浜坂町役場へ　三六キロ

《一万キロ踏破》

きょうは県境越えの三六キロ。先週は雨がつづいたが、週末から雲一つない秋晴れがつづく。この時期山陰でこんな青空が見られるのはめずらしい、と地元の人が言う。

距離が長いので普段より一時間早く七時四五分、鳥取市役所を出発した。まっすぐ海岸に向かって歩き、ゆるやかな坂を上り九時過ぎ、海に面して大きく広がる鳥取砂丘に着いた。

海から吹く風が砂に残す紋様の丘が、日本海のここにだけどうしてできるのだろうかと考えながら砂の上を歩く。砂丘を過ぎ松の林を通り抜け東に進むと左右に広がるラッキョウ畑。紫色の小さな花の列が幾重にも重なり、斜面の丘陵いっぱい咲き広がる景色は、富良野のラベンダー畑かと思うほどだ。

午後になると砂丘と海辺の畑の景色は消え、岩場の海岸線にがらりと変わる。道も険しく峠を登りきったところが県境の浦富海岸。ここで延べ歩行距離が一万キロの大台に達した。

昔から峠や山・川の国境で地形や気候、風土が一線を画するからなのか、鳥取から兵庫へと県境を越えたとたん、海から吹く風を屏風のように切り立つ山が受け、山の色づきや吹く風の冷たさもひと味違う。坂を下りた兵庫県・浜坂町の居組漁港で鳥取県、兵庫県の引き継ぎ式を行う。このあと参加者全員で、甲子園七回裏の風船あげよろしく、爆竹と風船を飛ばして一万キロ踏破を祝った。重なるときは重なるもので、きょう六日はカニの解禁日だそうだ。午後五時に着いた浜坂町はマツバガニの水揚げ日本一の町で、到着式のあと地元水産組合の皆さんのご厚意で初水揚げの「カニ汁」をご馳走になった。

＊５１８日目　延べ１００１３キロ　北緯３５度３７分　東経１３４度２７分

ハチに襲われる

二〇〇〇年一一月一三日（月）晴　京都府・宮津市役所から福知山市役所へ　三六キロ

浜坂につづき香住《かすみ》、城崎へと但馬路の三日間は、到着式のあとはカニ汁・カニ雑炊などのカニ三昧だった。時雨で濡れた体が芯から温まった。地元の皆さんにお礼を言い、但馬路から丹後路へ。一〇日、旧道の大内峠から丹後の天橋立を一望し宮津市に着いた。

伊能忠敬も一八〇六（文化三）年八月から九月にかけ、この地の測量を行っているが、おそらくこの峠から丹後の絶景を見たに違いない。ここから京都へは丹波の山々を縫って大小七つの峠を越える。この日は約一〇〇人が大江山（八三三メートル）の普甲峠（標高四〇〇メートル）越えで、午前九時二〇分過ぎ、アカバチに襲われ一三人が刺されるハプニングが起きた。ハチは怖い。一つ間違えば命を落とすこともあるからだ。直ちに病院に連絡し車を手配、幸い大事に至らずにすんだが、普段人の通らぬ山道は、まったく油断ができない。

＊５２５日目　延べ１０１７０キロ　東経３５度１７分　東経１３５度０７分

雨の保津峡を越える

二〇〇〇年一一月一七日（金）小雨　京都府・亀岡市役所から京都市役所へ　二九キロ

きょうは雨をついて保津峡の峠を二つ越え京都市へ。夜半に強く降ったお陰か、小降りのなか二三〇人が亀岡市役所を出発し神明峠へと向かう。大勢の関西の友にまじり京都の郊外に住む高校時代の友・細見佐和子さんと彼女のコーラス仲間も参加してくれた。保津峡下りの船のりば・保津橋を渡るとほど

京都府大会に駆けつけた「まだか会」の人たち

なく林道に入る。薄暗い杉林のなか坂を上ることおよそ九〇分、一〇時半過ぎに標高四〇〇メートル、霧たちこめる峠にたどりついた。

ここから二キロほど下った水尾地区の水尾小学校で生徒たちと交流会をもった。

新沢・井上・西川隊員に私の四人が、六年生五名、校長先生はじめ三名の先生とＱ＆Ａのキャッチボールをした。話がはずみ予定をオーバーしてしまった。

「二〇〇年も前に伊能忠敬もこの付近を歩いて測量し、日本地図の原図を作った」という話には、大変驚いたようだった。

雨もあがり、いったん保津峡まで下りて、清滝出会いからもう一度急坂を登り六丁峠を越えれば、京都洛西の鳥居本。人で賑わう旧道を通り嵯峨野の釈迦堂で休息。ここから丸太町通りを東へ歩き、京都の知人や鶴治叔父夫妻、宇治に住む長女ファミリーの出迎えをうけ、一六時四〇分京都市役所に到着。下関から約七五〇キロにわたる山陰路を無事終えた。
＊529日目　延べ10282キロ　北緯35度00分　東経135度46分

山上の厳しいもてなし

二〇〇〇年一一月一九日（日）晴　京都府大会（Ⅱ）京都市（比叡山ウオーク）　一五キロ
昨日は観光客で賑わう紅葉の嵐山で京都府大会があった。シドニーオリンピック・シンクロナイズドスイミングの銀メダリスト武田美保さん、磯田陽子さんがゲストで参加し、嵐山公園から嵯峨野めぐりの一二キロを歩いた。全国各地や関西から集まったあの顔、この顔六〇〇人にまじり、私の住む住之江区・歩きの仲間「まだか会」の面々が大勢、半年ぶりの再会と東京ゴールの励ましにきてくれた。
またの再会を約して五日に鳥取で別れた星野晴彦氏、地元の井上きよ子さん、近くに住むいとこの武田正さん、小さい頃からセッチャンと呼んだ小坂節子さんも遠く和歌山から駆けつけてくれた。
一〇時からの出発式で妻の節子が七五回のスーパーウオーカー表彰をうけた。今回は一〇月の下旬、出雲からの参加だが、京都まで行っていったん帰ろうかという話はどこへやら、このまま東京まで歩きつづけるという。妻に限らず、こうして伊能ウオークにはまり込むリピーターがどんどん増えていくのだ。

おだやかな秋の陽を浴び親しい人らとなごやかに嵯峨野を歩いた。

このあとバスで比叡山・研修道場の居士林へ。ここから始まった一泊二日の修行体験は初体験で度肝を抜かれた。まず道場の入り口で天台宗の戒律や作法の説明をうけ、ようやく入門を許される。お気に召さぬならいますぐここから引き返してもよいということか。食事中は無言、いっさい音を立ててはならず、一杯のお茶と一枚のたくあんで食べ終えたお椀をきれいに洗い、最後にそれを飲みほす。昨夜は暖房なしの大広間で一夜を過ごし、今朝は五時に起き釈迦堂で三〇分の座禅。気温は四度、暗闇のなか開け放された堂内に寒気が吹き通り蠟燭の炎がゆれ動く。座禅の後半、僧侶の合掌でこちらも合掌、頭を低く下げ背を板棒でピシッと打たれた一瞬、じっと座って硬直する背筋が幾分でもほぐれるのだろうか、痛いというより心地よい緊張が背を走る。

このあと朝の行、紅葉に染まる行者道を約三〇分しっかりと歩き、ようやく「朝粥」をいただく。昨夜からの空腹を満たすにはほど遠かったが、一椀の粥をこれほど美味しく思ったことがあったろうか。食後は西塔から横川中堂まで上り下りの険しい修験道を往復した。厳しいもてなしの連続だったが、紅葉の山中で過ごしたひとときは、これまでで最も印象に残る忘れ難い体験となった。

このあと京都、滋賀方面から千人あまりが山を登り、山上の峰道広場に集合。一四時からの比叡山ウオーク記念式典には名誉隊長の俳優・加藤剛さんも出席し、紅葉に彩られた山上は明日から始まる東海道ウオークを盛り上げる祭典となった。

＊５３１日目　延べ１０３０９キロ　北緯３５度０４分　東経１３５度５０分

二〇〇〇年一一月二一日（火）晴　京都府・京都市役所から滋賀県・草津市役所へ　二九キロ

きょうから、いよいよ東海道ウオークが始まった。朝の出発式、京都市文化市民局部長の大きな体、大きな声での励ましのスピーチと「エイ・エイ・オー」のかけ声は、どことなく人の心をとらえて魅力的だった。どこかで見かけた顔と声だと参加者のあいだから声がもれる。それもそのはず、伏見工業高校のラグビー部の総監督・山口良治さんだったのだ。参加者もグンと増え三〇〇人を超した。各地からのウオーカーにまじり、きょうから東京まで歩くステージ隊員が新たに一一名。「泣かないで東京まで歩けるかな……」とゼッケンにメッセージ、札幌の小森祐美子さん（六五）は夫の昭さん（六八）と二人三脚で加わった。

＊５３３日目　延べ１０３３８キロ　北緯３５度００分　東経１３５度５７分

「本部隊からのメッセージ（案）」固まる

二〇〇〇年一一月二七日（月）曇　滋賀県・彦根市役所から長浜市役所へ　一六キロ

この日は、小雨降る琵琶湖畔を東へと歩いた。

宿に着いてから行った全体会議で、九月に提案のあった「本部隊からのメッセージ」の骨格がほぼ固まった。東京ゴール・日比谷公園の到着式で、これを本部隊員から発表することにしようとなった。
＊５３９日目　延べ１０４１５キロ　北緯３５度２１分　東経１３６度１６分

戦国の道

二〇〇〇年一一月二八日（火）晴　滋賀県・長浜市役所から関ヶ原町を経て岐阜県・大垣市役所へ　四〇キロ

京都を発って一週間。長浜から岐阜県・大垣市に向かう。きょうは雲一つない快晴、第Ｖステージ最長距離四〇キロの長いコースだ。滋賀・岐阜県の引き継ぎ式と昼食は関ヶ原古戦場だった。今年は「関ヶ原合戦四〇〇年祭」。ここを拠点に滋賀の安土、彦根、長浜から東の大垣、岐阜、名古屋へと伊能ウオークが歩く道は、四〇〇年前の戦国の道でもある。

秋晴れのもと歩いていたら、八月に沖縄で妻・節子たちと同宿、名護市を歩いた長野市の飯田昭子さん（六二）にばったり会った。今回は、きょうから三日間岐阜まで歩きにきたのだと言われる。

ゼッケンにはラテン語で「Dona Nobis Pacem」のメッセージが。神よわれらに平和を……の意味だそうで、「戦国の道」を歩く真意は聞かずじまいだったが、終始おだやかに語りかけるその表情に魅せられ、話がはずみ、実のところ聞く意欲をなくしてしまった。かくして四〇キロも退屈することなく、午後五時大垣市役所に無事ゴールした。
＊５４０日目　延べ１０４５４キロ　北緯３５度２１分　東経１３６度３６分

一体どんな人たちが歩いているのか

二〇〇〇年一一月三〇日（木）晴　岐阜県大会　岐阜市内　一二キロ
昨日は清流・長良川堤のサイクリングロードを歩いて岐阜市に入ったが、到着式で市議会の合間を縫って出席いただいた松尾勇岐阜市長の歓迎の挨拶は素晴らしかった。
「何処へでも車で行けるいま、時間をかけて二年も歩くことに何とバカなことを、と言う人も多いはず。しかしそれは勝った負けた、儲けた損したということよりもはるかにすごいことなのだ。一体どんな人たちが歩いているのかと見たい人もたくさんいるのだ……（後略）」。私たちをこのように見ている人もおられる。じっと聞いていて、身のふるえる思いがした。
きょうも快晴、紅葉映える岐阜公園で梶原拓知事らも出席した開会式のあと、金華山に登り長良川を歩く一二キロの県大会。ご存じ山頂には斎藤道三、織田信長の居城・岐阜城があるが、奇襲さながらに急坂を頂上へ登る。ひと汗かいて山頂でひと息つき、あたりを見回す。ここから西に伊吹、北東には御嶽山が望め、北の谷間から一筋、長良川が蛇行し下流へと向かうのが見える。下りは「瞑想の道」と名付けられた小道、急峻なところも一部あったが、染まるような紅葉の下をくぐり抜け一気にふもとへ下りた。

＊５４２日目　延べ１０４８７キロ　北緯３５度２５分　東経１３６度４６分

ボランティア・マッサージ師・伊藤貴夫さん

愛知県入りした一二月二日の夜、地元江南市のスポーツマッサージ師・伊藤貴夫さん（五四）が宿舎にやって来た。伊藤さんのマッサージは痛いがよく効くので、来るのを待ちわびている隊員も多いのだ。「毎日歩く隊員の役に立ちたい……」と、昨年の東京出発以来本部隊を追って、北は北海道から南は九州まで、一〜二カ月ごとにボランティア治療に来られるのには頭がさがる。治療した翌朝は見送りウオークを少し歩いて別れるのだが、こんな目立たないところにも伊能ウオークを支援している人がいるのだ。

愛知県大会で一三九六人

二〇〇〇年一二月三日（日）愛知県大会（Ⅱ）名古屋市内　一六キロ

関西から中部に入り東京ゴールまで一カ月を切って参加者もうなぎのぼりに増えてきた。昨日は名誉隊長の加藤剛さんも歩くとあって、一宮市役所前、朝の受付は普段の三倍ほど机や人、グッズを増やし準備したが追いつかない。それもそのはず、加藤剛さんを先頭に八三五人が元気に出発した。

今朝の出発会場・名古屋の名城公園では、受付開始の九時にはもう五〇〇人をオーバー。市内近郊をはじめ長距離バスや新幹線で、全国からウオーカーがぞくぞくと集まる。ありがたいことだ。一〇時の出発では一三九六人をカウント、昨夏七月の所沢市〜八王子市の二〇八〇人に次ぐ参加となった。晩秋の名古屋、城の壕に羽ばたくカモの群れとシャチホコをバックに落ち葉を踏み、黄色に輝くイチョウの葉と紅葉が舞い落ちる木立を抜けて徳川園へ向かう長い長い列ができた。この日愛知県・安城市の西川隊員夫人・敦子さんが、女性のデーリー隊員では初めて、二〇〇回のスーパーウオーカー表彰に輝いた。

＊５４５日目　延べ１０５４３キロ　北緯３５度０９分　東経１３６度５３分

二〇〇〇年一二月六日（水）晴　愛知県・豊明市役所から安城市を経て岡崎市役所へ　二五キロ

きょうは豊明市を出て、岡崎市へ向かうが、西川阿羅漢隊員と夫人・敦子さんの現住地・安城市を通り、昼の休憩は安城市役所でとった。

　昨日から始まった地元の熱烈歓迎ぶりは、この夫妻の日頃の人となりが映る鏡、察してあまりあるものだった。

　安城市に入り、自宅の今池町の近くまでくると、今池小学校の生徒が沿道せましと横にずらりと並び、三〇〇人近くもいただろうか、懸命に手を振ってくれる。加藤校長から西川隊員に手渡された児童からの励ましの手紙、二年生の遠藤美希子さんの「さむいですか？　つかれているでしょう。かぜをひかないように、おだいじに」と書かれたのを見せられ、にじむ素直さに私も胸が詰まってしまった。

　そこからがまた、大変だった。町内の方々や敦子夫人の友達が阿羅漢・敦子夫妻を描いた似顔絵と人垣でできたアーチのなか、歓声をうけ通り抜けた。西川夫妻ならずとも地元の人たちの心温まる手づくりの歓迎に酔いしれた。

　昼前に着いた安城市役所では杉浦正行市長が忙しいなか、議会の合間をぬって出てこられ、西川隊員を激励された。
＊５４８日目　延べ１０５９３キロ　北緯３４度５７分　東経１３７度１０分

夫唱婦随・向きあう人生

伊能ウオークに夫婦で参加される方々が第Vステージあたりから増えてきた。参加のかたちはさまざまだが、もう一つの追っかけ隊「夫唱婦随」の話をしたい。

西川阿羅漢（七〇）・敦子（五七）夫妻　愛知県・安城市

西川阿羅漢隊員と私は、第Vステージでも同じチームになり何かと親しくさせていただいている。西川隊員と私で朝の出発式、会場設営で正面に掛ける「平成の伊能忠敬　ニッポンを歩こう一〇〇万人ウオーク」横断幕張り付け作業も、すっかり上手くなった。西川夫妻のことは幾度かこれまでに紹介したが、ふるさとは揃って三重県、昨年秋の思い出深い熊野古道、豪雨の八鬼山越えの尾鷲市・三木里だ。

昨年末には『歩く四国遍路千二百キロ』を出版し、歩きながら「旅だより」を『朝日新聞』の愛知と三重版に随時寄稿もする、健脚と健筆の両刀づかいだ。それを支える夫人の敦子さんは家を留守にして、伊能ウオークにすっかりハマリ、このままいけば東京ゴールの時には二三〇回ほどの参加になり、女性では最多のスーパーウオーカーとなる。昨年の三重県、今年の四国、第Vステージを「オシドリ健脚」で夫唱婦随の旅をつづけており、いまや地元の星なのだ。

西川隊員は敦子夫人のことを「平成の山内一豊の妻」とはばかることなく言い、四国遍路に行ったのも、伊能ウオークの参加も、機転を利かせた敦子夫人の後押しがあったからこそと言われる。東京の「伊能ウオーク事務局」は全国から寄せられる便りを移動中の隊員に回送する。旅先で「本部隊員西川阿羅漢様の奥様の敦子様」としたためられた、本人よりも多い便りを受け取って苦笑いをする西川隊員。いまや婦唱夫随の二重奏となって東京ゴールをめざす。

しかし西川阿羅漢さん、この人はことの本質をしかと見極め、敦子夫人であろうとも譲れぬところは頑として譲らぬ律儀、実直の硬派で、隊員のなかでもこの人ほど自分に厳しい人はいないのではないか。しかしそこのところを硬軟自在、ものの見事に敦子夫人は捌いてしまう。ここらが山内一豊の妻と呼ばしめるゆえんだろう。

毎朝四時半に起き三〇分間、一人黙々と行うストレッチから始まるこの人の修行僧のような一日は、ぬるま湯にひたる私に、それでいいのかと発せられる点滅のイエロー信号を見る思いで、背筋がヒヤリとすることもしばしばだ。

私はこの二年の間、多くの方からたくさんのものをいただいたが、この西川隊員と歩きと寝食をともにできたことは幸せだった。

この夫妻に誘発されてか、妻の節子もいま、毎日歩いている。

川上清（六五）・八重（六二）夫妻　茨城県・水戸市

川上清さんは、昨年二月伊能ウオークが茨城県を歩いたときにコースリーダーを務めていただいたお人で、その節は大変お世話になった。優れたウオーキングマナーと体力。事前の行き届いた調査と、ウオーク中状況に応じた適切な判断と迅速な当時の対応は、いまでも大変評価が高い。
茨城県の役目が終わったあとも、多忙の合間を縫っては「追っかけ隊」で参加され、行動範囲もいつの間にか全国ネットに広がった。ところが昨年の夏、新潟から八重夫人も同行されだしたのだ。八重夫人にこのあたりを問うたら、「日程を組んで、いそいそと夜行バスで主人が出かける伊能ウオークの正体を一度見てみたい……」と意気込んだはずのミイラ取りがいつの間にか「追っかけ隊」になってしまったと。一〇月、島根県松江市で川上さん五〇回、八重夫人二五回のスーパーウオーカーに輝いた。ウオークと伊能忠敬研究会、地域のボランティア、水戸から発信する情報のキーステーションとして超多忙の川上さんだが、写真にウイットの利いた手紙をそえて全隊員に届ける心配りに元気づけられる隊員も多い。夫婦で参加した伊能ウオークは、１＋１ではなく、プラスアルファの方がはるかに大きな存在となったと言われる。

菅谷章（六〇）・糸子（五九）夫妻　東京都・府中市
菅谷夫妻は、あの厳寒の北上、第Ⅰステージ・東京から札幌までを完歩された。
出立前、富岡八幡宮で隊員の紹介があったときに夫婦で参加と伺って、なかなかできることではないと思って敬服したものだ。東京を出発したもののウオークは緒についたばかり、歩きも体調も宿も食事もすべてに、試行錯誤を繰り返した時期だった。そんな第Ⅰステージだったが、何時もおだやかに笑みを絶やさず歩かれていた。一カ月を過ぎた仙台あたりからは夫妻としばしば一緒に歩き、話もした。ご主人は一歩控え目だが、物事をよくご存じで視野が大きく広い。目の前の事柄から遠くに視線が及び、時に鋭い洞察が加わることもあった。夫人は東北の自然に、ことのほか関心をもっておられた。夫妻からいろいろなことを教わった。

北上川のオオハクチョウや一戸の雪の峠もところどころ一緒に歩いた。

「寒くて厳しいけれど、厳しさのなかでこそ素顔の自然が味わえる」とも言われた。

以来第Ⅱステージでも「追っかけ隊」で幾度も参加され、便りも時々いただくなど、伊能ウオークのご縁をつくづくありがたいと思う。

小野寺誠（六六）・静子（六七）夫妻　岩手県・水沢市

この夫妻とは、昨年早春の三月二二日、第Ⅰステージで雪の水沢市（岩手県）を歩いて以来ご縁がある。この経緯については第Ⅱステージの出発のところ（六一頁参照）で述べたので詳しくは省くが、当初は長野までのつもりが昨年末の大阪まで延び、今年は沖縄、まさかの東京まで二人で歩こうとは、当のご本人は考えてもみなかったと言われる。

このウオークの魅力にひかれて、長い長いおしどりの旅をつづけておられる。

道中少しでも多くの自然や人と出会おうと、隊列のなかを夫婦が別々に自由なポジションで歩き、休養日には地図を片手に行きたいところを訪ね、存分にこの旅を二人で満喫している。誠さんは歴史に造詣が深く、静子さんは「山本周五郎」の大ファン。接して温かい素朴でひょうひょうとした人柄は新聞でも何度も紹介され、ファンも多い。

この夫妻と一〇分でも話をした人は、素朴な風貌とやさしい人柄になぜか魅せられる。効くことは効くが、副作用もある薬とは一線を画する漢方薬のようだ。時を経るほどに、じんわりと体に効いてくるのだ。

この旅の終わりには、二人して抱えきれないほど心に刻んだ宝の山を、みちのくの郷里に持って帰れるのかもしれない。

清田幸典（六一）・節子（五七）夫妻　大阪市

清田さんは、一昨年の秋、本部隊の選考会をうけ参加をすることになったのだが、あと一年を残した勤めの調整がうまくいかずに断念された。完全にリタイアした今夏、記念に第Ⅴステージ・沖縄〜東京（一三一日）に参加した。京都からは夫人の節子さんも合流し、東京まで参加中だ。留守宅で新聞でウオークの記事を見ているうちに、行けるところまで歩いてみたいと思い立ったと言われる。もともと明るく闊達な清田さんだが、京都からは節子夫人をこまめにサポートしたりして、「家庭では見ることがない、かいがいしい一面を再発見した」と、節子さん。「慣れぬ旅先で歩けなくなったら私も大変だからね」と清田さんは言われるが、根はやさしい人なのだ。このウオークの旅は、これからをどう楽しもうかと向き合う夫妻に、新しい素材を提供したようだ。

小森昭（六八）・祐美子（六五）夫妻　北海道・札幌市

京都～東京（東海道ステージ）に参加された小森夫妻。ご主人の昭さんはクロスカントリーもこなす健脚で沖縄から歩きたかったが、祐美子夫人のことを考え京都からにしたという。一一月二一日「泣かないで東京まで歩けるかな……」とゼッケンにメッセージし、京都からのスタート。初日は旧東海道、東山の九条山から逢坂の関跡を越え草津までの二九キロの厳しい試練だったが、まずは無事完歩できたようだった。

夫人にとっては山あり谷ありの厳しい試練の出発だったが、ご主人が前になり、時にあとになりしてもう名古屋を過ぎた。あともう少しだ。二人三脚でゴールに向かい、一歩一歩、一日一日、前進する姿は爽やかで美しい。

清水実（七一）・貞子（七一）夫妻　徳島県・阿南市

西日本地区の伊能ウオークに参加した人なら、ワゴン車で寝泊まりする「おしどり夫婦」の「追っかけ隊」清水夫妻を知らない人はまずいないだろう（一六四頁参照）。車のなかには阿波名物の「すだち酎」や果物が入っており、いつも「お接待」といっては差し入れをしていただいた。その上に二人の仲がこれまた、すこぶるよい。

「ここまできたら静岡まで行ってスーパーウオーカーの五〇回をもらってから、徳島へ一度帰る」と言われる。毎日宿に泊まってもなかなか大変なのに車の生活はさぞやと思う。

しかし清水夫妻にとっては、伊能ウオークを車で追っかけるキャラバンの毎日は、この世の楽園なのだろう。

私たち夫婦のこと　一一《かずいち》（六三）・節子（六一）　大阪市

私がこの旅に参加した動機や経緯は「はじめに」の項で述べたが、節子自身はウオークの参加をどう考えていたか。もともと私や友と野山に行くことが好きな方で、当初このウオークで、地元関西は別として北海道とか沖縄、東北、四国の最果ての地には行きたいと言っていた。

しかし二人が出かければ、地域のお手伝いにも迷惑をかけるし、家も空になる。

ところが今年の三月、四国・徳島から高知県を歩きいったん大阪に戻り四万十川から足摺岬を歩きにきた頃から変わったという。道でお遍路さんに会い、ＪＲも通らぬ辺地を歩く伊能ウオーク。隊員の人々や全国から参加の「追っかけ隊」の皆さんに励まされてハマリだしたのだ。

いろいろと手が放せないことがあるにせよ、伊能ウオークはあと九カ月しかない。早く家を空けられるようにして、秋からは東京までつづけて歩こうと決めたという。

「しまなみ海道」、佐賀、長崎、鹿児島、沖縄県の区間ウオークを楽しみ、一〇月の島根県から東京ゴールに向け、いま愛知県内を歩いているところだ。

一昨年までの私は勤めの都合などと理由をつけ、朝会社に出たら帰る時間は不定期、たまに日曜に二人で街に出ても、得意先とでも会えばそちらを優先するというような生活のリズムが私のなかにあった。

二五歳で結婚してから一四年の間に一一回も引っ越しをしたし、よくも悪くも前ばかりを見て走ってきた。けっして誉めた話ではないが、休日でも会社や現場に行けば仕事をやっているから、家にいるよりは、そちらの方が気が休まる。同年代の方々には同じ思いの方も多いかと思うが、四三年の会社生活の大半はこんな調子だった。節子はそんな私を心のなかで何処かおかしいと思いつつも、正面きっては言えなかったのではないか。

その意味で伊能ウオークの毎日は、これまでの私のリズムを根底から変えるものだった。ここで接する人や自然を受け容れるには自分が一八〇度変わらないと意味がないことを教えてくれたし、毎日の洗濯や日常のことも自分でやれるようになった。時々参加する節子とのウオークはいつも一緒に歩くわけではないが、これまでと違い持ち場や役割は異なるが同じ土俵の上にいる。自然に接し多くの人と出会い、汗をかき一日が終わったとき、大阪の暮らしとはひと味違うものを、お互い味わったのではないか。

もう一つ、五月に、五年前に患って一応は回復したと思っていた糖尿病を再発させてしまった。旅先のウオークの途中で野菜や豆腐などの調達に、いろいろ工夫しあい、節子と共に崖っぷちに立つ思いで共同戦線を張れたことを、のちのいま、本当にありがたいと思う。家庭とはひと味違う移動のなかで厳しい経験を味わい、完治は望めぬにしろ予想以上に早く正常復帰ができたことを、主治医と節子が一番喜んでくれた。

生身の体だから、維持に努めたとしても年々体力や機能の衰退もあるだろうし、何時かはこの世を去ることも視野のどこかに入れておかねばならぬ。健康であるに越したことはない。しかし病気や体の不具合が発信する小さな信号に耳を傾けることの大切さ、病気に限らず自分のもつマイナスや弱さを友とすることができれば、健康も心のありようもまた変わってくるのではないか。

それは私と節子、節子と私についても言える。共に歩くということは、共に向きあうこと。向きあえば目線も合いキャッチボールもできる。このことは二人にとどまらないが、伊能ウオークから私はこれからを生きる勇気とカロリーをもらえたように思う。

徳丸夫妻とランボウ君

二〇〇〇年一二月七日（木）晴　愛知県・岡崎市役所から蒲郡市役所へ　二五キロ

今週、私はアンカーの役。歩行がスムーズに進むよう、遅くなる人や体調の悪い人に救護車に乗ってもらうなど隊列のしんがりを務めるのが仕事。人と接する機会も多くその分楽しみも多い。その一つは、ウオーカーが背に付けて歩く「ゼッケン」を後ろから自由に読める楽しみだろう。思い思いにメッセージした短い発信のなかから、思いもかけないドラマに出会う。

岡崎市役所を出発してまもなく、黒い犬を連れたカップルが前の方から少しずつ遅れてくるのが目に入った。私の近くまできて、右手で女性の腕をしっかり持って歩く初老の男性は目が不自由で、左手につながる犬は盲導犬だとわかった。ゼッケンには「今日から第一歩……岡崎市・徳丸力《つとむ》」とあり「人生、今から……尚子」と書かれたゼッケンが赤い服を着た犬の背にピンでとめてあった。この人たちの事情や子細を何一つ知らなくともよい。目の前の光景に痛いほど胸が熱くなった。

チームメートの西川隊員に事情を話し、少し遅れても、昼食場所まで私がエスコートすることにした。道中伺ったところでは、尚子さん（六二）は奥さん。犬の名はフランスの詩人にあやかりランボウ君。科学技術翻訳士の力さん（七〇）は一〇年前、退職の頃から目が不自由になり昨年は脳梗塞も患った。しかしこの一年リハビリの努力が実りようやく外を歩けるようになり、家族と友人に励まされきょうは一生に一度の伊能ウオークを歩く夢がかなえられたということだった。

「一日も早く主人に立ち直ってもらうため、道を歩いても余程の危険がない限り近頃は黙って教えないことにしています」と尚子さん。「体が不自由になったお陰で、以前よりはるかに多くのことを二人で学べるようになりました」と力さん。体の不自由やハンディを乗り越える時の緊張と味わう醍醐味こそかけがえのない財産とでも言われたように思えた。健康で人並みに暮らせるほどの家やお金をもてればと常々願う俗人の私には、まぶしいほどにパンチの利いたボディブローをうけ、一瞬ぐらりとしたほどだった。人はハンディや弱さを素直に受け入れることができるとき、最も強くなれるのだろうか。出会いに感謝、再会を約し昼に別れた。

＊５４９日目　延べ１０６１４キロ　北緯３４度４９分　東経１３７度１３分

平成のお駕籠渡り

二〇〇〇年一二月一二日（火）晴　静岡県・舞阪町役場から磐田市役所へ　二七キロ

昨日静岡県に入った。江戸日本橋より七〇里の三二番白須賀宿から新居の関のあたり、ゆるく曲がる道幅にかつての旧街道の面影が漂う。ここから浜名湖の弁天島を結ぶ橋を歩いて渡り三〇番舞阪宿へ。だが昔はここはすべて渡船だった。湖も天然の関所、幕府が新居の関を重要視したのもうなずける。

今朝は、旧街道で松並木が最もよく保存され残っている区間の一つ、舞阪から浜松まで街道を歩いた。ところが午後ゴールから五キロ手前の天龍川で、橋を歩いて渡れなくなった。車でいっぱいの橋には歩道がなく橋の端は人がやっと通れるほどの幅しかないため、県警から大勢で歩くのは危険と禁止されたのだ。迂回すれば到着式の時間にも支障をきたす。やむを得ず本部隊員らは随行車、ほかの一般参加者はＪＲを利用し橋を渡る「平成のお駕籠《かご》渡り」となった。今や車の通れない道路を道とは言えぬ時代となったが、道とは元来歩くためにあった。来年は「東海道四〇〇年祭」。二一世紀はぜひ歩行者優先の時代になってほしいと願うばかりだ。

＊５５４日目　延べ１０７０３キロ　北緯３４度４２分　東経１３７度５１分

ねむの木学園の子らと

二〇〇〇年一二月一三日（水）晴　静岡県・磐田市役所から掛川市役所へ　一七キロ

きょうの正午、五十三次のど真ん中、二七番袋井宿に着いた。本陣跡で地元の皆さんから名物オハタキ餅をご馳走になり東の掛川へ。午後二時四〇分、掛川城近くの「やさしいお店」の前で、ねむの木学園の園長・宮城まり子さんと子供たち四〇人が伊能隊を迎えてくれた。かつてミュージカルやテレビでお目にかかったまり子さんは細身だったが、いまはすっかり貫禄がついて、宮城園長の「歩くぞー」のかけ声に園児一同が「オー」。車いすの子供たちも隊員と一緒になり二五〇メートル先、ゴールの掛川城公園までゆっくりと進む。子供たちが歌いだすとウオーカーが手拍子でこたえ、途中から出迎えの榛村純一市長も加わりなごやかに行進。到着式では宮城園長から「一歩、一歩、大切に歩いてください」とエールを贈られた。もう長いあいだすべてを投げうって「ねむの木学園」に全力投球のまり子さんだが、子供たちの描く素朴な絵が素晴らしい「カレンダー」になって、暮れには世界の各国から注文が殺到するのだという。

＊５５５日目　延べ１０７２０キロ　北緯３４度４６分　東経１３８度０１分

小夜の中山

二〇〇〇年一二月一四日（木）晴　静岡県・掛川市役所から島田市役所へ　二二キロ

旧東海道で箱根と並ぶ難所といわれる二五番日坂宿から中山峠、菊川坂、金谷坂の石畳を上り下りして二四番金谷宿へ。ここから越すに越されぬ大井川渡りを含む、変化に富むアップダウンのコースは旧街道を満喫させてくれる。ところどころに建つ歌碑。情緒あふれる緑陰の石畳や集落の入り口にかけられた高札。軒を連ねる民家にかけられた往時の屋号の木札といい、まるでタイムスリップしたような情緒あふれる旧道だ。

＊５５６日目　延べ１０７４２キロ　北緯３４度４９分　東経１３８度１０分

二〇〇〇年一二月一五日（金）晴　静岡県・島田市役所から岡部町役場へ　一六キロ

島田市から東へ八キロ地点、二三番藤枝宿の藤枝市は野村亨隊員（六九）のふるさとだ。昼食前の一一時三〇分市役所に表敬訪問した。議会中にもかかわらず松野輝洋市長から歓迎と激励をうけ、完歩をめざす野村隊員もねぎらいをうけた。花束に囲まれ愛子夫人とツーショット、隣の蓮華池公園で今夏以来四カ月ぶりの二人でとる昼食に、満面ほころぶ佳き日となった。

＊５５７日目　延べ１０７５７キロ　北緯３４度５４分　東経１３８度１６分

加藤剛名誉隊長のお膝下

二〇〇〇年一二月一七日（日）曇　静岡県大会　静岡市駿府公園　一五キロ

昨夜は名誉隊長の加藤剛さんが出席、市内のホテルで賑やかに歓迎会があった。加藤剛さんは地元・御前崎の出身、伊能ウオークも静岡市入りで招かれ、会場は満員の盛況だった。明けてきょうは静岡県大会。会場の駿府公園には全国から大勢の参加者がつめかけ出発式にはぎっしりの人、人で埋まった。五月に九州で体験ウオークをした漫画家サトウサンペイさんもゲストで加わり、石川嘉延知事から激励をうけ、一〇時、加藤名誉隊長を先頭に約一五〇〇人が元気にスタートした。またこの日、関西からも山角えつ子さん、渡辺小夜子さん、郡辰三さん、宮本幹也さん、石井義男さん、北野ふみえさんほか十数名が参加、妻の節子が一〇〇回参加のスーパーウオーカー表彰をうけた。

＊559日目　延べ10788キロ　北緯34度58分　東経138度23分

サトウサンペイさんと柔道の山下さん

二〇〇〇年一二月二〇日（水）晴　静岡県・清水市役所から蒲原町文化センターへ　一八キロ

毎日『朝日新聞』朝刊でユーモアあふれるイラストと文章で紙面を賑わしている漫画家サトウサンペイさんが、一七日から、取材ウオークで連日参加している。きょうはもう一人柔道の山下泰裕さんがゲストで加わり、出発前の清水市役所前広場は、朝早くから押すな押すなの人でいっぱいだった。大きな体に大きな声で「いきいきと生きることが私のモットー……」、山下さんのエールに勇気づけられ元気いっぱい四〇〇人が出発した。

昼食は広重の名画「薩多富士」で名高い薩埵峠でとった。駿河湾に張り出す薩埵山の峠から前方に広重が描いた富士と海、黄色いミカンが鈴なりのミカン畑、眼下に広がる崖が見渡せる。はるか下の海岸にはカーブを描いてJR、国道一号に東名高速が輻輳《ふくそう》して通り、新旧取り合わせの妙もまた面白い。午後ミカン畑がつづく峠を下りて一六番由比宿本陣に着き、隣の東海道広重美術館で傑作を観た。

＊562日目　延べ10829キロ　北緯35度06分　東経138度35分

ワゴン車の「追っかけ隊」阿倍寛さん

二〇〇回のスーパーウオーカーに輝く伊能後援会の小平市・阿倍寛さん（六六）は、この二年間マイカーで伊能ウオークを追っかけた熱烈なウオーカーで、伊能ファンだ。朝の暗いうちにその日の到着地に先回りして車を置いて、始発の電車かバスで出発地に引き返してゴールまで歩く、この尺取り虫のような生活を長いあいだつづけてきた。奥さんからは時々「ちゃんと食べてる？……洗濯は？」と、携帯電話でサインコールがあるという。コンロを持参、頭上のロープには洗濯物、自由な身ながら不自由な生活をそれなりに楽しんでいると言われる。一番困ったのは夏だという。窓を開ければ虫に刺され、職務質問されるハプニングもあったという。二、三日ならともかく長期につづけることは大変なこと、伊能ウオークは多くの人に支えられてここまでこれた。

箱根峠を越える

二〇〇〇年一二月二五日（月）曇　神奈川県・箱根町集会所から小田原市役所へ　二一キロ
昨日から東海道の難所・箱根八里の峠越えが始まった。快晴の昨日、三島市内から北に進むと松並木と石畳のつづくゆるやかな坂道。史跡箱根旧街道に入る。

錦田一里塚を過ぎたあたりから左手に冠雪の雄大な富士山が現れる。目の前いっぱいのど迫力でせまる富士をながめながら、汗をビッショリかいて石畳を登る。途中で「臼ころばし坂」、「こわめし坂」という名の急坂も登った。背中に背負った米が汗で蒸されて坂を登りきる頃には「こわめし」になっていたというのが由来だそうだが、山中城跡で昼食をとり標高八五〇メートルの箱根峠まで登った。峠を登りきればもう神奈川県。昨夜は山上の芦ノ湖畔で一泊した。今朝は一番に箱根関所跡に行き、ここで古来の習わし「手形改め」を済ませ関所を通過した。うっそうと薄暗い杉並木を通り、史跡の石畳と谷を下り、笈ケ平の「甘酒茶屋」に着いた。この甘酒茶屋だが、静岡県で通った小夜の中山の「扇屋」と二軒が、東海道の名残を残して、いまも商いをつづけ賑わっている。ここから畑宿、湯本へと下り昼食。昼過ぎから少し雨が降り出したが、旧道を下り小田原城へと向かった。
＊５６７日目　延べ１０９１０キロ　北緯３５度１５分　東経１３９度０９分

ラストスリーデー・ウオーク

二〇〇〇年一二月三〇日（土）晴　神奈川県大会　みなとみらいパシフィコ横浜前広場　七キロ
伊能ウオークもいよいよフィナーレ。世紀をまたぐラストスリーデー・ウオーク第一日のきょうは横浜市で神奈川県大会。会場のみなとみらいパシフィコ横浜前広場には、ゲストに宇宙飛行士の毛利衛さん、サトウサンペイさんと加藤剛さんを迎え二〇一八人が集まった。参加者が二〇〇〇人にもなると、もうごったがえして大変だ。関西の人、大阪狭山市の中島紀明さん、津村京子さん、喜井勝昌さん、ほか一五名ほどは、挨拶をかわしたがあとはわからずじまいで出発した。

横浜のオールドタウンとニュータウンを七キロ歩いて、ゴールのあと午後二時から会議センター・メインホールで「伊能ウオーク最終報告会」が行われた。一〇〇〇名を超す超満員のホールで、第一部は毛利衛さんとサトウサンペイさんのユニークで個性豊かな講演に会場は沸いた。

そのあとの第二部で加藤剛名誉隊長の挨拶につづき、大内惣之亟隊長と本部隊員の報告となった。四分ほどの短い持ち時間ではあったが、凝縮されたそれぞれの体験談は聴衆に大きな反響を呼んだようだった。話の上手とか下手ではなく二年間かけて見た、感じた、その一言に代え難いものがあったとフロアの方からあとで聞いて嬉しかった。

夜は山下公園の氷川丸船上でサポータークラブ主催の歓迎会に招かれた。イルミネーション輝くミナト横浜、全国から集まったイノー・ウオーク・サポータークラブのメンバーとゴール間近の私たち、ステージ隊やエリア隊の皆さんたち、この二年間のふれあいに感謝し、名残を惜しむ素晴らしい夜となった。ゴールまであと二日となった。

＊５７２日目　延べ１０９９４キロ　北緯３５度２７分　東経１３９度３８分

二〇〇〇年一二月三一日（日）曇　神奈川県・横浜公園から川崎市役所へ　一六キロ
今世紀最後の大晦日、三一日。一五〇〇人が横浜から川崎まで旧街道を主に歩いた。横浜に住む高校時代の友人・山岸長衛君が昼の神奈川公園で私を待っていてくれた。年賀状はかわしているが「もう二〇年近く会ってないのによくわかったな……」と訊いたら、「二〇人ほどの黒帽（本部隊員）が歩いてくるのを一人ひとり見てたらわかるよ」と。そのままきょうのゴールの川崎市役所まで歩きながら、互いにこれまでの空間を埋めあった。ゴールまであと一日。
＊５７３日目　延べ１１０１０キロ　北緯３５度３１分　東経１３９度４２分

世紀を越えて

二〇〇一年一月一日（月）晴　神奈川県・川崎ソリッドスクエアから東京都・日比谷公園へ　二〇キロ
明けてきょうは二一世紀を迎えた記念すべき元日、そして世紀を越えたラストデー。今朝は早く三時半に起床した。昨夜の予報では雨の確率二〇パーセントだったので、天候が気になり窓を開けて外を見る。まだ外は真っ暗、風は強いがどうやら晴のようだ。四時四〇分手荷物をトラックに積み、朝食をすませ、五時一〇分ホテルを出発、スタッフと本部隊員全員揃ってバスで会場の川崎ソリッドスクエアに向かう。

暗闇のなか会場で受付と横断幕の設営を始めたが、近郊の人や全国から長距離バス利用の人など五時半頃から広場に続々と人が集まり出した。

友人の大阪狭山市の中島紀明さんら、関西からのあの顔この顔二十数名と手をふって挨拶をかわすのがやっとだった。ステージ隊の皆さんとも挨拶をかわす。長い間一緒に歩いてきた関谷さんはじめ五人組のメンバー以外に、今ステージから参加した清田夫妻に小森夫妻、太田太、川越勝彦、中村隆一、斉藤照男、島田五郎、西川幸生、船田功、大澤正男さんの面々とも何かと親しくさせていただいた。

六時三〇分の出発式には約一五〇〇人が参加、七時に東京へと最後の出発をした。歩きだして一キロ地点で渡った多摩川の橋の上から振り返ると、真っ白な富士を見ることができた。

ここから東京都。途中、品川と竹芝桟橋の中継地二カ所から待機の参加者が加わり、約三九〇〇人に増えた。一一時三〇分、隊ごとにプラカードを持ち都心へと向かった。最前列の本部隊からは後ろがまったく見えず、こんな長い列は初めてのことで圧巻だ。

三原橋からは晴海通りを日比谷公園に向かい凱旋パレード、銀座に入ると沿道の人々から盛んな声援をうけ午後一時無事ゴールを果たした。ステージ隊の皆さんともこの瞬間を祝いあった。ゴールで次々と入ってくる人たちを迎える私たちに「オメデトウ」の連発と握手攻め。目を真っ赤にした見知らぬ人から「おー、ほんとによくやった……」と肩をたたかれ、人、人でもみくちゃになる。感動と興奮の渦でゴールは沸きに沸いた。二年が、いま終わったのだ。熱いものがこみ上げてくる。皆さんありがとう。

このあと野外音楽堂で到着式、主催者や各界からねぎらいと祝福をうけ、終わりに松本隊員が「メッセージ」を読み上げた。二年間の思いをこめた願いが晴れやかに読み上げられ、延べ五七四日、日本列島を歩きに歩いた一万一〇三〇キロの長い長い旅、世紀を越えた旅にピリオドを打った。

各地で温かい人情にふれ、歓迎と激励をいっぱいうけ、この国が広いことを実感した。たくさんの方々から「この旅の感想は……」と聞かれるが実感が、まだ湧かない。

しかし、「長かったが短くも感じた価値あるリッチな旅だった」と確信できるウオークの旅だった。

＊574日目　延べ11030キロ　北緯35度40分　東経139度45分

声援にこたえてゴールする筆者
（朝日新聞社提供、撮影：金井三喜雄）

本部隊からのメッセージ「私たちの願い」

一、私たちは町や村を歩いて、ふるさとが素晴らしい価値あるものであることを再発見しました。ウオーキングが、自らの健康と生きがいを創造する日常的な生涯スポーツとして高く評価され、定着することを願います。

一、長距離歩行は心身の癒しに極めて効果のあることを私たちは身をもって経験しました。友と、あるいは家族で長距離の徒歩旅行が日本全国で広く展開されることを希望します。

一、道は本来歩くためのものです。安心して歩ける歩道の整備と全国を縦横断できる「歩道マップ」の作成、点在する歴史や文化の足跡を結ぶルート設定によって、より快適なウオーキング環境づくりの促進を期待します。

一、ウオーキングは、地域社会の見直しや地球環境の保全に大きく貢献します。豊かな二一世紀を創生する確かなライフスタイルとして、すべての人々に親しまれ、普及し、そして継続されることを心から願うものです。

結び・終わりの始まり

日本列島を五七四日、七六六の市町村に足跡を残し、延べ一万一〇三〇キロ、一四六六万四九二三歩を歩いた伊能ウオークの旅が終わった。

この二年間、事故もなく無事に終えることができたことは、何よりもよかった。

道中国道で歩道のないところも歩いたが、大きなトラックが居眠り運転でもして飛び込んできたらどうしようかと、恐怖にかられたことも何度かあった。

恵まれた天候にしろ、伊能忠敬翁のご加護があったのではないかと思うほどだ。

共に歩いた人々が延べ一六万九四四六人、この気宇壮大な二年間は、私にとって得難い旅、そしてまたとない充電の旅だった。

一九九九年一月二九日、江戸東京博物館からの出立は、みぞれまじりの北風が吹く寒い朝だった。各地でさまざまな自然や歴史にふれ、出会いにふれることができた。

出会いと別れ、そして再会、ドラマの数々がいま、晴雨や吹雪、酷暑の日々と重なり鮮やかによみがえる。

歩くという旅は、また心の旅でもあった。車や列車と違いゆっくりと自然やものを、自分の目線でとらえることができる。ガラス窓の遮蔽もなければエアコンもない。道で行き交う人々や空模様に風の色、行く先々の土地で、その時その時が得難い光景なのだ。一九九九年三月の早春から五月の初夏にかけ歩いた東北の美しくも厳しい自然。豪雨の親不知や熊野古道。四国の室戸や離島のウオークなど、先人の歩いた道を平成のいま歩いたことに、言い知れぬ深い感動を覚えた。

各地で温かい歓迎をうけた。一九九九年の四月二七日、降りしきる雨のなか室蘭市の沿道で、「兄さんこれ持っていかんか」と私の手のひらにのせてくれたそら豆と、皺くちゃの手とおばあさんの笑顔を、いまでも忘れない。亡くなった母かと見間違えたほどだった。

「私たちはいま、野辺に咲く花や四季の風にも心を動かすことを怠り、日常の利便さのなかに溺れ、そして喘いでいる。しかし伊能ウオークは自ら汗し、自分の足と目で、いまを検証し再発見する旅」。一九九九年九月二九日、石川県・小松市の出発式で矢原珠美子教育長の心に沁みたスピーチは、いまもなお鮮やか、私のこれからの糧につながる。

私たちに小さな手をちぎれんばかりに振ってくれた幼稚園児や、豊かな笑顔のお年寄り。三重県や九州の福岡、宮崎県ほかで小中学校の生徒たちと膝をつきあわせた真摯な交流では、むしろ私たちが教えられるほどだった。

各自治体や土地家屋調査士会、測量設計業協会、サポータークラブほか、皆さんの温かい支援も忘れることができない。主催者の日本ウオーキング協会、伊能忠敬研究会、朝日新聞社の皆様には大変お世話になった。いくら感謝をしてもあまることはない。

歩いてみて、各地に残る伊能忠敬の足跡や、時を経て評価の高まる伊能図への反響を目の当たりに見ることができたことも幸せだった。その生きざまがいま、混迷の時代にまぶしく輝いている。こうして私たちは、町や村、ふるさとを歩いてこの国が広いことを知り、価値あるものを再発見した。

さて二一世紀を迎えたが、ばら色の時代がすぐやってくるとは誰も信じまい。目前にせまる高齢化社会と、求める生きがいの対極のなかで自分をどう活かせばよいのか。

定年を機に人生の折り返し点に立つ私に、伊能ウオークは歩く楽しさと一期一会の素晴らしさ、一歩一歩、歩みつづけることの大切さ、併せて私の弱さも見せてくれた。

「予もいづれの年よりか、片雲の風にさそはれて、漂泊の思ひやまず、海浜にさすらへ……」と三一二年前の春、江戸深川をあとに北へ向かった芭蕉。

「緯度一度を確かめたい」と二〇〇年前、蝦夷に向かった伊能忠敬。

「青春とは人生の深い泉の清新さをいう」。幻の詩人、バーミングハムの金物商S・ウルマンがいまから一〇〇年ほど前、人生の後半に残した詩も旅と大きなかかわりをもつ。

人生の深い泉……とは何をさすのか？　まだまだわからないことだらけだが、この二年間の旅のなかに解き明かすヒントがあるように思う。ジグソーパズルを解くように、これからを過ごせればどんなに楽しいことか。
伊能ウオークは世紀を越えて二一世紀に大きな感動を伝え、「歩行文化」の新しい灯をともした。それは私にとっても新たな始まりでもあるのだ。

関西の月刊誌『イグザミナ』にこの二年間連載した旅便り、「平成の伊能忠敬ニッポンを歩く」を、本にしないかと話があったのは昨夏だった。以来関係の皆さんのご尽力で今年四月発刊を目途に、東京ゴール後大幅加筆することとなり、これまでの二カ月は何処へも出れずの悪戦苦闘だったが、ようやく脱稿することができた。
この本の出版にあたり最初のきっかけをつくっていただいた月刊誌『イグザミナ』取締役副主幹の北尾創氏、同編集部の浦里繁樹氏、ご尽力をいただいたアワ・プラニングの佐藤嘉尚社長、現代書館の菊地泰博社長、村井三夫編集長、朝日新聞社映像センター・金井三喜雄氏に心よりお礼を申し上げ、併せてこの二年間私を励ましてくださった友人や地域の人たちほか多くの方々、きょうまで支えてくれた家族に感謝したい。

二〇〇一年三月一二日　　六四歳の誕生日に

畑中一一

参考文献

1　『忠敬と伊能図』伊能忠敬研究会編　一九九八年　現代書館
2　『二ツ井町の文化財』ＮＯ・１３「菅江真澄と二ツ井」二ツ井町教育委員会発行
3　『「青春」と言う名の詩 幻の詩人サミエル・ウルマン』宇野収・作山宗久著　一九八六年　産業能率大学

不屈な意志の感動の物語

『イグザミナ』取締役副主幹　北尾　創

畑中さんから「ちょっとお会いしたい」という電話があったのは九九年一月中旬のことであった。もともと明るい人だが、その声はことのほかはずんでいた。ちょうど神戸市役所に所用があり、畑中さんも当時はまだ熊谷組神戸支店勤務だったので、市役所一階の喫茶店で会うことにした。聞けば、繰り上げ定年して朝日新聞が企画している「平成の伊能ウオーク」に参加し、二年かけて伊能忠敬の足跡をたどるというもので、日本列島一万キロを踏破するという壮大な計画だった。

「車、鉄道、飛行機など交通文明が発達した現代は、人間の最も基本である歩くということがおろそかにされているのではないだろうか。そして戦後の日本はあまりにも急ぎすぎ走りつづけてきた結果、大事なものを忘れているのではないか。歩くことによって見落としてきたものを見直したい。また、わが国の四季折々の自然を自分の目と足で確かめたい」と語る畑中さんの顔は、一万キロを歩き通すという強い意志と、希望に輝いていた。

そうして『イグザミナ』に、畑中さんの連載が、九九年の五月号から始まった。

それまで会ったことのない人たちと隊を組んで、二年間も行動を共にするのは容易なことではない。それも酷暑、厳寒にかかわらず、一日に二〇キロから多い日で四〇キロも歩くのである。疲れもあるだろう。体調不調の時もあるだろう。腹の立つこともあるだろう。すべて克服しなければこのプロジェクトは成功しない。

行く先々から送られてくる原稿は、列島の自然の美しさ、自然の怖さ、黙々と歩く苦しさと裏腹にあるその日その日の達成感に、思いもかけぬ人々の厚意などが精密に語られている。そして次第に芽生えてくる隊員との友情などが行間から伝わってくるのである。

この著は不屈の意志で初期の目的を貫き通した隊員たちの感動的な読み物になっている。

【著者紹介】

畑中一一(はたなか・かずいち)

1937年、福井県武生市生まれ。熊谷組に入社してすぐ、ダムの建設現場で測量の仕事に従事。会社人生の始めと終わりで測量に関係するのも何かの縁ではと、定年直前に伊能ウオークに参加。追っかけで参加した妻と二人でゴール。日本ウオーキング協会公認指導員になったばかり。

私の伊能ウオーク574日
ニッポン再発見の旅

2023年10月31日発行

著　者　畑中一一

発行者　向田翔一

発行所　株式会社22世紀アート
〒103-0007
東京都中央区日本橋浜町3-23-1-5F
電話　03-5941-9774
Email: info@22art.net　ホームページ：www.22art.net

発売元　株式会社日興企画
〒104-0032
東京都中央区八丁堀4-11-10 第2SSビル 6F
電話　03-6262-8127
Email: support@nikko-kikaku.com
ホームページ：https://nikko-kikaku.com/

印刷
製本　株式会社PUBFUN

ISBN：978-4-88877-267-9